Ferdinand Steiner

Perspektiven zu Mensch und Gott

Essays

Steiner Ferdinand

Perspektiven zu Mensch und Gott

Copyright © by Dr. Ferdinand Steiner

Alle Rechte vorbehalten

Cover: Dr. Ferdinand Steiner

Herstellung und Verlag:

BoD – Books on Demand, Norderstedt

ISBN 9783752888232

Inhaltsverzeichnis

Vorwort

„Ich kann nicht mehr an Gott glauben, wenn er so viel Schlimmes und Grausames geschehen lässt!" Wie oft hört man nicht diese Worte von zutiefst enttäuschten und verbitterten Menschen. Kann es sein, dass dieser Vorwurf den Falschen trifft? Es war auch meine Frage von Jugendtagen an und ich begann zuerst Gott und dann den Menschen zu hinterfragen.

Unsere moderne Welt ist zu einer wissenschaftlichen Welt geworden. Ich will hier nicht die so oft zitierte Wissenschaftsgläubigkeit zur Diskussion stellen, doch muss es erlaubt sein, neben der von ihr beherrschten materiellen Welt auch noch jene andere Welt zu sehen, die immaterielle, die unsichtbare Welt.

Seit dem Beginn der Neuzeit wird der Einfluss der Religion immer mehr zurück gedrängt, die bis dahin alle offenen Fragen mit der simplen Antwort versah, dass Gottes Ratschlüsse vom Menschen nicht erfasst werden könnten. Hielte ich diese Beantwortung allmächtiger Fragen für richtig, dann hätte ich mich in den letzten Jahrzehnten nicht wiederholt hingesetzt und Antworten versucht, die sowohl der materiellen wie auch der geistigen Welt gerecht werden können, ohne auf diese (christliche) Generalklausel zurück greifen zu müssen. Meine grenzenlose Neugier trieb mich immer wieder in Gefilde, wo andere Menschen bereits aufgehört haben nachzufragen.

Es sei offen bekannt, dass die Basis meiner Gedanken bei der menschlichen Grundausstattung beginnt, nämlich einem zweigeteilten Gehirn, das seine Erkenntnisse immer nur aus dem Verstehen von Gegensätzen gewinnen kann: Unser Gehirn ist bipolar angelegt! Und das ist zugleich auch schon die Grenze unserer Erkenntnisfähigkeit mit Mitteln des Verstandes.

Genauso offen will ich jedoch auch bekennen, dass ich an einen Gott glaube. Zwar nicht an den vom Menschen erschaffenen (Ludwig Feuerbach), sehr wohl aber jenen, von dem ich mir kein Bild erlaube. Am wichtigsten war mir beim Schreiben aber immer der Wunsch, mir selbst, ohne etwas nachzuplappern, ein Bild von der Welt zu machen, nicht nur von der irdischen sondern auch von der geistigen. Wenn es neben der materiellen nicht auch noch eine andere Welt gäbe, eine unsichtbare, dann wären meine Überlegungen sinnlos und überflüssig. Dann hätte ich wie Stephen Hawking den Schöpfergott ganz einfach durch die heilige Mathematik substituiert und erklärt, die Schöpfung sei mit ihrer Hilfe restlos erklärbar (auch wenn wir vielleicht noch nicht ganz so weit sind). Bei allem Respekt vor dem Wissen und dem Schicksal des kürzlich verstorbenen Physikers muss ich doch einwenden, dass es gedanklich möglich ist, sich ein Universum vorzustellen, in dem die 3 und die 7 keine Primzahlen sind oder auch ein Universum, das aus lauter Hundewelpen besteht.

In **„Zur Theorie der Paralleluniversen"** habe ich diesen durchaus verwirrenden Gedanken Rechnung getragen.

Wer sagt mir aber, dass die sinnliche Wahrnehmung unserer Gehirne wirklich erschöpfend ist? Vielleicht entsteht unser Glaube an die Existenz einer materiellen und einer geistigen Welt nebeneinander wiederum nur aus den Grenzen unserer Denkapparate oder Sinne? **„Zwei Welten?"** geht dieser Überlegung nach.

Die große Gefahr im Denken der Menschen entsteht jedoch immer aus der Verwendung von Worten, die sind nichts anderes als Bilder für eine Bedeutung oder einen Sinn. Die Menschheit ist verrückt nach ihren Worten und ist sich dabei meist nicht bewusst, dass sie selber der Schöpfer dieser Worte ist, sie will einfach glauben. Deren Vieldeutigkeit ist eine weitere Komplikation in der menschlichen Kommunikation:
„Am Anfang war das Wort"

Durch das Wort wird das Denken des Sprechers offenbar. Wollte man gemein sein, dann könnte man sogar Rückschlüsse auf seinen Charak-ter ziehen. Viele Menschen bevorzugen meiner Meinung nach **„Archaisches Denken"**

Ob wir es wollen oder nicht: ein Teil unseres Wesens ist immer mit der Vergangenheit beschäftigt. Sie ist als Erinnerung nicht nur in uns, sondern auch in allen Völkern. Erinnerungen steuern uns unbewusst:
„Alter Boden – neue Früchte"

Da Menschen die Neigung haben, ständig um sich selbst und ihr Ich zu kreisen, stach mich irgendwann der Hafer und ich fragte mich, wie es Gott wohl in der Zeit erging, als es noch keine Zeit gab, also vor dem Urknall. Über eins bin ich mir dabei klar: So kann ich nur mit *ihm* reden!

„Die Einsamkeit des All-einen"

Die Werte des christlichen Abendlandes werden heute sehr gerne zitiert, wenn es darum geht, Einstellungen aus anderen Kulturen und Religionen abzuwehren und zurückzuweisen. Die wenigsten wissen jedoch, wovon sie reden. Wie Werte entstehen und wie sie sich weiterentwickeln, beschäftigt mich seit drei Jahrzehnten:

„Werte als Wegweiser"

Wenn man allerdings genauer hinschaut, wie die Wertentwicklung in den letzten Jahrtausenden verlaufen ist, kommt einem das große Grauen:

„Mir graut vor dieser Welt"

Den Anstoß zu diesen Gedanken erhielt ich vor mehreren Jahrzehnten von meinem Reiki-Meister:

„Warum gibt es Krieg unter den Menschen"

Wenn man von Auslösern des Krieges spricht, stößt man zwangsläufig auf das Thema Machtausübung. Ist die Macht an sich böse oder gibt es auch andere Perspektiven?

„Macht im zwischenmenschlichen Bereich"

Wir Menschen haben uns mit unserer Wertentwicklung sichtbar in eine Sackgasse manövriert, doch warum haben wir so viele fehlerhafte Werte gefunden? Hat uns die Schlange dazu verführt oder ein Dämon oder gar der Satan selber?

„Satan auf Erden"

Auf einen gänzlich anderen Ansatz brachte mich die Frage einer alten Dame, die mittlerweile wohl mehr weiß, weil sie schon verstorben ist: „Woher kommt das Böse in der Welt? Fragen wir das Alte Testament:

„Abel ging ins Licht"

Im Licht der Erkenntnisse über die neolithische Revolution kann auch die menschliche Sexualität ganz anders angeschaut werden.

„Sexualität und Moral"

Weit mehr als nur die Sexualität bewegt die Menschen das Grundbedürfnis nach Liebe. So weit es dabei nicht nur um rein körperliche Akte geht, kann man drei Arten unterscheiden:

„Drei Arten Liebe"

Diese Welt ist nicht gerade ein Ort des Friedens und der Freude. Ich sehe keinen Sinn darin, diese Tatsache zu verdrängen. Ich sehe aber Sinn darin, uns selber aufzurichten mit dem Essay:

„Innere Stabilisatoren"

Als Ergänzung dazu habe ich mich intensiv mit der Tätigkeit Jesu zu seinen Lebzeiten beschäftigt und mit seinem Versprechen von der Erlösung:

„Der Erlöser vom Genezareth"

Nichts kann das Interesse eines Menschen so herausfordern wie ein Geheimnis. Daraus kann man aber auch eine Taktik machen oder man ist so in Mysterien gefangen, dass man das nicht einmal merkt:

Mysterien im Christentum

Aus äußerem Anlass wurde ich in die Frage gedrängt, warum ich bei aller Kritik an Kirche und Gesellschaft Christ bleiben will. Nach allen Arbeiten der letzten Jahrzehnte fiel mir etwas auf, nämlich die Kernbotschaft des Christentums, wie sie so nicht oft verstanden wird:

„Warum will ich Christ sein?"

„Bewusstheit" ist das Um und Auf für aktive Lebensgestaltung und das nicht nur in der Beziehung

Ist diese Erde ein Tal der Tränen, wie uns die Kirche so lange gelehrt hat? Und wenn ja, wo ist dann der Sinn des uns auferlegten Leides? Mein persönliches Glaubensbekenntnis beschränkt sich nicht auf die Aufzählung von Lebensdaten Jesu. Ich glaube, dass wir, ohne es zu wissen, an einem Programm teilhaben, dessen Hergang wir nicht kennen und nicht wissen, dessen Hingang uns aber leicht verständlich ist: Wir sollen lernen bedingungslos zu lieben, wir sollen die universale Liebe erfahren, um zu Gott zurückkehren zu können. Das Tempo dazu geben wir selber vor, unser Schöpfer erwartet uns in bedingungsloser Liebe. Vor allem aber durfte ich erfahren, warum

Gott so viel an Krieg, an Leid und Grausamkeit zulässt und warum er nichts dazu und nichts dagegen tut. Es stärkt meinen Glauben!

Und das ist der Sinn, den ich für mich gefunden habe: **„Ich ist"**

Schon vor Jahren ist in mir ein Bild für seelische Gesundheit entstanden: Wenn sich ein klarer Verstand und geläuterte Gefühle zusammen fügen wie zwei betende Hände, dann entsteht Geist. Geist ist die höchste Form der menschlichen Entwicklung und das Ziel unserer Existenz.

Graz im August 2018

1. Zur Theorie der Paralleluniversen (2018)

Vielleicht geht es mir ja so wie einem römischen Kurienkardinal im 15. Jahrhundert. Vollkommen unglaubhaft, dass die Erde keine Scheibe sondern eine Kugel wäre! Heute sind wir natürlich weiter und blicken mit einer gewissen Verachtung auf die Ahnungslosen von damals.

Der große Albert Einstein hat uns vorgerechnet, dass die Zeit mit fortschreitender Geschwindigkeit eines Objektes im Universum immer langsamer vergeht. Ist die Lichtgeschwindigkeit erreicht, dann bleibt die Zeit überhaupt stehen, das heißt, alles im Universum geschieht gleichzeitig. Unser menschliches Gehirn ist jedoch für einen linearen Zeitablauf geschaffen und so kriegen wir kein Bild davon, was es heißen könnte, dass alles gleichzeitig passiert. Deshalb ist die erste Reaktion auf eine solche Behauptung so, wie sie wohl bei vielen Leuten eintritt: Das versteh ich nicht, das kann nichts Gescheites ein! Wie halt auch bei manchem Kurienkardinal.

Rein rechnerisch ist das Paralleluniversum aber gar nicht so unverständlich. Wenn Raum und Zeit unendlich sind, dann ist es nur logisch, dass es bei unendlicher Anzahl von Universen mehrere, wenn nicht viele geben muss, die in ihrer Gestaltung ident sind. Genauso ist es jedoch auch logisch denkbar, dass sich Materie zu einem Universum zusammenfügt, das aus lauter Hundewelpen besteht. Rein rechnerisch können wir ja auch die Schwerkraft aufheben!

Jetzt gibt es Kosmophilosophen, die behaupten, dass mit jeder Entscheidung eines Menschen die jeweils zweite Möglichkeit ausgeschieden wird. Weil aber alles gleichzeitig erfolgt, entsteht nicht nur auf der Basis der getroffenen Entscheidung ein neues Universum, sondern auch durch die im Entscheidungsprozess ausgeschiedene Variante. Begründet wird das mit einem Phänomen der Quantenphysik – für potentielle Kurienkardinäle wiederum völlig unverständlich – und deren Feststellung, dass ein subatomares Teilchen erst durch Messung zum Teilchen wird. Misst man es in seiner Eigenschaft als Welle, dann wird es eine Welle sein. Das heißt, wir Menschen beeinflussen die Entstehung von Teilchen oder Welle!

Schon in meinen jungen Jahren war ich mit einem bescheidenen Grad an Weisheit ausgestattet und habe meine Zuhörer gerne damit beeindruckt, ihnen die Relativität – merke: meine Relativität! von Entscheidungen vorzuführen. „Wenn du dich im Wald verlaufen hast, kannst du bis zur Weggabel zurückgehen, die du falsch gewählt hast und damit deinen Fehler korrigieren. Im Leben geht das nicht, denn während du eine falsche Entscheidung zu korrigieren versuchst, ist inzwischen Zeit vergangen und die Situation der Entscheidung ist nicht mehr die selbe. So weißt du im Leben meist nicht, welche Entscheidung falsch oder richtig war, vorher nicht und oft genug auch nachher nicht, weil es ja jederzeit auch noch viel schlimmer hätte kommen können."

Unter der Grundannahme des Zeitverlaufes, so wie unser Gehirn das wahrnimmt, entsteht also mit jeder Entscheidung ein neues Universum in Gestalt der getroffenen Entscheidung sowie auch in Gestalt der verworfenen Entscheidung. Also erst die Entscheidung und dann als Folge die Entstehung! Dann hätte die unendliche Zahl von Universen einen Zuwachs von 2 erfahren. Wie viel ist ∞ + 2? Ich vermute gleich viel wie ∞ - 2!

Ist jedoch ein Zeitablauf wie beschrieben nicht gegeben, dann kann eine Entscheidung, weil alles gleichzeitig geschieht, kein neues Paralleluniversum zur Folge haben, weil dieses zeitlich eine Entscheidung **voraus**–setzt.

Ich fürchte, irgendwie habe ich mich in das Universum der Hundewelpen verirrt und mein ganzer Kommentar zum Thema Paralleluniversum ist ein jämmerliches Winseln.

2. Zwei Welten? (2009)

Warum immer die Schöpfung so eingerichtet ist, sie besteht aus einer geistigen und einer materiellen Welt, für uns Menschen wahrnehmbar als Dualität. In diese Welt werden wir hineingeboren und es ist gewissermaßen unser Geburtsrecht, diese Welt so wahrzunehmen. So ist auch unser Gehirn beschaffen, es besteht aus zwei Hälften, die eine unterschiedliche Sicht der Welt wahrnehmen: analog und digital sind die beiden Pole.

Polarität

Polarität als Folge der Dualität besteht somit primär zwischen Fühlen und Denken, zwischen rechter und linker Hirnhemisphäre, zwischen Herz und Kopf. Polarität kann jedoch auch innerhalb dieser beiden menschlichen Bereiche entstehen, wenn sich Gefühle widersprechen oder ebenso Gedanken in sich widersprüchlich sind. Das zwingt uns, einzuhalten und eine Reflexion unser Gefühle oder Gedanken vorzunehmen, sofern wir die Widersprüchlichkeit wahrgenommen haben, wenn wir also über die nötige Bewusstheit verfügen. Konnten wir den Widerspruch auflösen, dann sagen wir: Ich bin einen Schritt weitergekommen! Wir empfinden das so, als hätten wir uns entwickelt, weil wir – je nachdem – unser Fühlen oder Denken differenzieren konnten. Das allerdings spielt sich nur in unserer, mit unseren Sinnen erfassbaren Welt ab. Es ist die Welt des menschlichen Geistes, ohne den Selbstreflexion nicht vorstellbar ist. Menschen, die zur Selbstreflexion nicht fähig sind, empfinden wir dementsprechend oft als geistlos.

In einem einzigen großen Schritt kann dieser menschliche Geist das Universum bis an dessen Grenzen durchmessen, um dort seine eigenen Grenzen zu erkennen: Was nun? Wo ist das Ende des Univer-sums und was kommt dahinter? Die Bipolarität unseres Gehirns lässt eine Beantwortung dieser Fragen nicht mehr zu; vom Begriff „Unendlichkeit" (räumlich wie auch zeitlich) haben unsere Denkstrukturen ebenso wenig eine Vorstellung wie vom Begriff des „Nichts".

Sichtbar ist der menschliche Geist somit begrenzt! Er kann aus der Polarität nicht ausbrechen, weil er in sich so konzipiert ist: er ist bipolar.

An dieser Stelle müssen wir halt machen, hier geht es mit menschlichen Sinnen nicht mehr weiter. Versuchen wir es also aus einer anderen Perspektive.

Die Hintereinanderschaltung von Lupen und die Erfindung von Fernrohren zum Beginn der Neuzeit haben den menschlichen Geist an die Grenzen des Universums geführt. Mit der Erfindung des Mikroskops ging der Geist in die Gegenrichtung und entdeckte nach einiger Zeit die Analogie zwischen Makrokosmos und Mikrokosmos. In beiden gelten dieselben Gesetze. So weit ist das auch wissenschaftlich für lange Zeit unbestritten ebenso wie die mit unseren Sinnen wahrnehmbare Kontinuität von Raum und Zeit.

Bis Albert Einstein. Ab jetzt und für viele bis heute nicht verständlich sind Raum und Zeit nicht linear und nicht absolut. Ist der menschliche Geist nach einigem Zögern noch in der Lage zu glauben, dass die Erde eine Kugel und keine Scheibe und nicht das Zentrum des Universums ist, so verweigert er sich entschieden der Vorstellung von einem gekrümmten Raum oder von einer Zeit, die rückwärts laufen könnte. Alle Erfahrung spricht dagegen. In Wahrheit aber ist unser Gehirn nicht so beschaffen, dass es von selbst aus dem Käfig der Dualität ausbrechen könnte: Alles hat für uns einen Anfang und wenn es einen Anfang hat, dann hat es auch ein Ende. Alles Gegenständliche hat eine Ausdehnung und ist irgendwie im Raum angeordnet.

Alle Gegenstände, die ich sehen und angreifen kann, bestehen aus einer Materie und sei sie noch so unterschiedlich gestaltet. Diese Begrenzungen sind ein Teil unserer Denkstrukturen, in denen unsere Wahrnehmung gefangen ist.

Es ist für den Durchschnittsmenschen einfach nicht vorstellbar, dass sein Schreibtisch materiell in Wahrheit nicht da sei. Ebenso kann er nicht „begreifen", dass alle Materie dieses Universums zusammen in seinem Wohnzimmer Platz fände. Und doch hat Heisenberg mit seiner Quantenphysik diesen Nachweis erbracht, für den uns die Vorstellung fehlt. Ein einfaches Bild kann uns jedoch weiterhelfen:

Der kleinste Baustein der Materie, das Atom, besteht aus einem Atomkern und einer Elektronenhülle, die um diesen Kern kreist. Hätte der Atomkern die Größe eines Fußballs und läge in Wien, so kreiste das Elektron mit der Größe einer Erbse im Abstand der griechischen Hauptstadt Athen um den Atomkern. Und dazwischen ist – nichts! Außer der mächtigen Energie, die bei der Kernspaltung frei würde. Diese ungeheure Energie ist gebunden in der Umlaufgeschwindigkeit der Elektronen.

Dazu eine Analogie: Ein Kleinflugzeug hat einen Propeller mit zwei oder drei Blättern, die im Ruhezustand nicht nur sichtbar sondern auch völlig harmlos sind. Wird jedoch der Motor gestartet, so ist in Kürze von diesen Rotorblättern nichts mehr zu sehen als bestenfalls ein durchsichtiger Kreis und jeder vernünftige Mensch würde sich hüten, in diesen Kreis zu greifen.

Hätten wir die Technologie, diesen Propeller nicht 3000 Mal in der Minute rotieren zu lassen, sondern 300.000 Mal in der Sekunde, dann würde das Material der Rotorflügel in jeder Sekunde 300.000 Mal an der selben Stelle stehen und der Kreis des Propellers erschiene uns als feste Scheibe, die wir angreifen können.

Ein Elektron bewegt sich aber nicht 300.000 Mal um den Atomkern sondern mit Lichtgeschwindigkeit, also mit 300.000 km in der Sekunde! Um wie viel mehr muss uns also Materie als fest und starr erscheinen, die in Wahrheit aus fast keiner Materie und anstatt dessen nur aus höchster Geschwindigkeit besteht.

Das wiederum ist auch dem einfachen menschlichen Geist zugänglich. Doch er stellt sofort die embryonale Frage: Warum ist das so? Wer hat diese enormen Rotationen in Gang gesetzt? Interessanterweise kommen nun manche Quantenphysiker mit derselben Antwort, die sich die Menschen schon in frühesten Zeiten gaben, wenn sie etwas nicht erklären konnten: Die Götter haben es so eingerichtet. In monotheistischen Religionen war es eben der *eine* Gott, der das alles kraft seiner Allmacht in Gang gesetzt hat. Auf einfachste Weise wird das Unerklärliche verständlich gemacht. Was menschlicher Geist nicht erfassen kann, wird mit *göttlich* erklärt.

Aus einer Vielzahl von Göttern, für gewöhnlich in Gestalt eines Standbildes sichtbar und angreifbar gemacht, entwickelt sich geschichtlich die menschliche Vorstellung hin zu einem einzigen Gott, der ein reines Geist- oder Energiewesen sei, unsichtbar und unbe-greifbar.

Juden, Christen und Moslems war dieser eine Gott gemeinsam, in seinen unterschiedlichen Ausgestaltungen aber natürlich auch das exklusive Besitztum der jeweiligen Religion. Gemeinsam ist ihnen aber auch die Vorstellung eines Gottes außerhalb von der menschlichen Person, also ein DU zum Gesamtindividuum Menschheit. Unser Gegenstück Gott ist daher wiederum nichts anderes als die begrenzte Einsicht unseres bipolaren Gehirns: Alle Entwicklungen des menschlichen Geistes führen wiederum in die Dualität: Gott *und* Menschheit.

Wie sich in der Naturwissenschaft aber die fest gefügten Wahrheiten aufzulösen begannen, so begab sich auch in der Geisteswissenschaft ein Gesinnungswandel. Joel Goldsmith stieg radikal aus der Polarität aus und verkündete, dass es nur eine Kraft gäbe und alle anderen Erscheinungen hätten in Wahrheit keine Kraft, außer wir Menschen weisen ihnen eine solche zu. Alles was der zweiten Kraft zugeordnet sei, könne nur als Schatten, als Gespenst und Erfindung des menschlichen Geistes existieren und habe keine Realität neben der göttlichen Einheit. Diese – als nicht personaler Geist – sei die einzige Realität in der Gesamtheit der Universen. In ihrem Namen habe Jesus Christus den Sündern vergeben, Kranke geheilt, Tote erweckt und die Hungrigen gesättigt, weil er aus der Fülle der göttlichen Einheit schöpfte. Wenn er und der Vater eins waren und er schon ist, ehe Abraham ward, dann ist er der Ausdruck Gottes in dieser Welt.

Nichts läge näher, als diese Ausnahmeerscheinung Jesus von Nazareth nun als Gott der göttlichen Einheit zuzuschlagen und ergänzt um einen schwer begreiflichen Heiligen Geist der Menschheit gegenüber zu stellen. Die alte Polarität ist wieder hergestellt in Gestalt der christlichen Religionen mit ihrem Exklusivanspruch auf ihren alleinigen Gott. Genau diesem Anspruch aber verweigert sich J. Goldsmith. Für ihn ist Gott die einzige Realität und alle Phänomene des Universums sind Teil dieser Realität. Alles, was nicht in die Vorstellung von diesem universalen Gott passt, wird nicht als Realität anerkannt.

Wenn der menschliche Geist Phänomene erschaffen kann, was Goldsmith gar nicht bestreitet, dann kann dieser Geist auch Phänomene unwirksam machen. Menschliche Verirrungen können daher sehr wohl mit menschlichem Geist korrigiert werden, siehe Mentaltraining. Das konzediert auch Goldsmith, sieht seine zahlreichen Heilungen jedoch nicht als Folge seiner eigenen Heil- oder Suggestivkraft, sondern ausschließlich als das Wirken der göttlichen Einheit wie seinerzeit bei den Aposteln nach dem Pfingstwunder.

Ich kann ihm nicht widersprechen, wer könnte einer solchen Behauptung überhaupt widersprechen? Ich habe nur den störenden Verdacht, dass nicht nur mein bipolares Gehirn ein Problem damit hat, sich eine Einheit ohne ein zweites überhaupt vorstellen zu können. Offen oder versteckt schleicht sich immer wieder eine Polarität in unsere Wahrnehmung. Buddha erkannte sein Nirwana und Laotse sprach von der Gesetzmäßigkeit. Ich kenne den Gefühlszu-stand des „Ich bin" und nicht so wenige kennen die „ozeanischen Gefühle". Ist es die göttliche Einheit, die Göttlichkeit im Menschen, wenn sich über kurze oder längere Zeit ein Zustand ohne alle innere Widersprüche einstellt? Der Zustand absoluter Seelenruhe? Dann wäre es ein Ziel, mehr davon zu haben oder zu lernen.

Neben dieser absoluten Einheit jedoch steht für mich sichtbar und unwiderlegbar eine zerrissene, widersprüchliche und unglückliche Menschheit und sie ist nicht nur die Wahrnehmung meines bipolaren Gehirns. In dieser Menschheit gibt es Glück und Unglück, hoch und tief, laut und leise; eine Zeit des Friedens und eine Zeit des Krieges, eine Zeit, Steine zu sammeln und eine Zeit, Steine wegzuwerfen. Mitten durch diese Menschheit geht der Riss der Polarität.

Welchen Sinn ergibt das Vorhandensein eines unendlich göttlichen Geistes und daneben eines gar so begrenzten menschlichen Geistes?

Welchen Sinn hat Polarität? Da sind zwei Welten in voller Polarität nebeneinander, jedoch zwei Welten, die sich in der menschlichen Sphäre genauso darstellen: Es gibt die Leuchtkraft menschlicher Liebe und ihrer Großtaten ebenso wie den Abgrund des Hasses. In der Existenz des Menschen wird die göttliche Einheit sichtbar mit all ihrer Fülle und wird die menschliche Schwäche sichtbar mit all ihrer Not. Polarität ist für mich das Wesen der Menschheit, beginnend bei ihrer Gehirnstruktur und über ihre polaren Liebesbeziehungen bis hin zur spirituellen Auseinandersetzung über ihre Vorstellungen zur Rückverbindung – zur Religio.

Man könnte das einfach so hinnehmen und die meisten Menschen tun das wohl auch. Ich kann nicht! Mir fehlt die Brücke zwischen den beiden Welten, mir fehlt die Sinnhaftigkeit ihrer Trennung voneinander. Auch die härteste Auseinandersetzung in Gegensätzen verfolgt ein Ziel: Den Ausgleich der Polaritäten. Der Sturm eines Tiefdruckgebietes bezweckt den Druckausgleich mit dem Hochdruckgebiet. Heißes und Kaltes gleichen sich aus, das Hohe fällt tief. Das negative Potenzial wandert zum positiven. Welcher Potenzialausgleich ist zwischen der göttlichen Einheit und der Menschheit fällig? Wer sich dieser Frage nicht stellt, begeht meines Erachtens Realitätsverweigerung. Denn wir sind nach meiner Annahme wohl nicht zufällig wie wir sind.

Wissen Mystiker mehr? Sind sie in der Lage, hinter die Polarität zu schauen und wissen sie etwas über deren Sinn? Ich fürchte, auch diese Frage muss in dieser Arbeit unbeantwortet bleiben. Allerdings ist meines Wissens allen Mystikern gemeinsam, dass sie über eine Wahrnehmung verfügen, die über das Maß des durchschnittlichen Menschen hinausreicht. Sie geraten daher meist in Widerspruch zur herrschenden Meinung und sind auch nicht selten der Verfolgung ausgesetzt.

Wenn unser Geist bipolar und dort die Ursache für unsere Leiden zu finden ist, dann wird verständlich, warum die wichtigste Forderung der Mystiker immer wieder lautet, den Stillstand der Gedanken herbeizuführen. Wenn es mir gelingt, das Denken abzuschalten, dann ist auch die Polarität beseitigt, da sie ja gerade zwischen Denken und

Fühlen pendelt. Aber ist damit dann nicht auch jene Eigenschaft des Menschen aufgehoben, die ihn vor allen Lebewesen auszeichnet? Regrediert er nicht auf die Stufe eines Tieres, wenn er nur noch seinem Fühlen unterliegt?

Das ist sicher ein Fehlschluss! Die Mystiker fordern nicht die Abschaltung des Verstandes für alle Zeit, sondern nur für die Zeit der Meditation! Gerade hier aber können Einsichten entstehen, die bei klarem Tagesbewusstsein unmöglich wären. Sofort würde sich der Verstand mit seinen Erfahrungen und Einschränkungen zu Wort melden und die unbeschränkte Grenzenlosigkeit der Gefühle in seinen ihm vertrauten Rahmen zwingen. Möchten also unsere Gefühle die Freiheit des Fliegens erleben, was uns im Traum unbedenklich möglich ist, so wird der Verstand sofort einwenden: „Du Idiot, du hast keine Flügel!" Doch dem menschlichen Geist können im Zustand der Meditation durchaus Flügel wachsen.

Wenn man in diesem Zustand die Enge des Verstandes hinter sich lässt, kann man zu Erkenntnissen finden, die auch dem Verstand nachher (widerstrebend aber doch) zugänglich werden. Wir finden dazu sichtbar Parallelen in der menschlichen Entwicklungsgeschichte: hätte vor fünf Generationen jemand behauptet, dass wir in nicht allzu ferner Zukunft 22 Männern, die in Südamerika einem Ball nachlaufen, praktisch im selben Augenblick zuschauen können, er wäre umgehend in der Klapsmühle gelandet. Heute ist Satellitenfernsehen bereits Alltag! Doch dazu musste erst mal jemand aus seinem Geist die Idee entwickeln, dass so etwas möglich sei. Er musste die Grenzen seines Verstandes überschritten haben, um so etwas überhaupt denken zu können.

Solche Kühnheit ist dem menschlichen Verstand nicht oft zu eigen, das sieht man auch an manchen hochgebildeten Menschen, deren Engstirnigkeit uns zu schaffen machen kann. Zu sehr sind sie dem Wenn-Dann des Denkens und ihren vorgegebenen Denkkonzepten verhaftet. Gäbe es nicht Menschen, dic aus dem Käfig des konservierenden Denkens wiederholt ausgebrochen sind, wir würden heute noch auf den Bäumen hocken.

Der Geist allerdings kann fliegen. Seinen Anstoß erhält er nicht selten aus der embryonalen, ja geradezu aufsässigen Frage: „Warum soll das nicht gehen?" Meist bemüht er dazu nicht die kausalen Gesetzmäßigkeiten, die unseren Alltag bestimmen, sondern Analogien. Diese fordern ihn heraus, Dinge zu denken, die dem Verstand nicht erlaubt sind zu denken. Der Beweis dafür – also die Wissenschaft – folgt später nach. Nebenbei ist die Wissenschaft jene Disziplin, die heute mit absoluter Sicherheit zu beweisen in der Lage, dass das, was sie gestern behauptet hat, falsch ist. Und morgen wird das nicht anders sein!

In einem solchen meditativen Zustand kam mir (unter dem Einfluss von Olaf Jacobsen) eine häretische Idee: Was ist, wenn unsere materielle Welt ein perfektes Abbild der geistigen Welt wäre? Das einzige, was mich daran hindern kann, das zu glauben, ist meine menschlich begrenzte Wahrnehmung. Also die sichtbare Welt sehe ich mit meinen Augen. Ich sehe sie nur bei Licht und meine Augen beschränken meine Wahrnehmung auf die Wellenlängen zwischen etwa 350 und 700 Nanometer. Die anderen Spektren des Lichts kann ich nicht mehr sehen, ich kann sie bestenfalls noch in ihren Auswirkungen wahrnehmen, etwa durch einen Schweißausbruch über 700 (Infrarotwelle) oder einen Sonnenbrand unter 350 Nanometer (Ultraviolett).

Die Lichtrezeptoren meiner Augen sind also auf einen sehr engen Bereich begrenzt. Ich sehe keine Radiowellen und ich sehe keine Röntgenstrahlen. Sind die einen unter der Lichtfrequenz angesiedelt, so liegen die anderen darüber. Ich habe dafür keine Sensoren, ich nehme sie nicht wahr. Aber die übrigen Spektren der elektromagnetischen Strahlung existieren trotzdem!

Das bedeutet für mich eine zwingende Schlussfolgerung: Wir nehmen vom Ganzen nur einen Bruchteil wahr! Wir sind eingeengt auf unsere körperlichen Rezeptoren (unsere Sinne) und auf unsere geistigen Rezeptoren (Gefühle, Erleuchtung und Intuition) und nicht zu vergessen unseren Verstand. Mit keinem Wort aber ist dabei behauptet, dass eine Dualität zwischen der geistigen Welt und der materiellen überhaupt existiert. Der Schlüssel für alle scheinbaren

Diskrepanzen zwischen Gott und der Welt liegt ganz offenbar nur in unserer menschlichen Wahrnehmung.

Die materielle Welt ist folglich nur jener Teil der unsichtbaren Energiewelt, der sich auf unserer menschlichen Schwingungsebene manifestiert. Und so eng dieses Spektrum auch sein mag, es ist immer noch breit neben vielen anderen Lebewesen. Ein Fisch wird kaum Luft wahrnehmen und eine Katze analog dazu Wasser nur als Bedrohung. Ich war als Kind bettelarm, habe aber meine Armut höchstens dann wahrgenommen, wenn andere Kinder schöneres Spielzeug hatten, ich hatte keinen Sensor für Armut.

Die materielle Welt ist die von uns Menschen wahrgenommene Analogie der geistigen Welt auf niedrigerer Schwingungsebene. Irdische Tatsachen sind also meine subjektiv vorgenommenen Interpretationen der geistigen Welt auf der materiellen Ebene.

Geistige und materielle Welt sind keine Polaritäten, sie sind eine einzige Welt. Was uns als Polarität erscheint, ist die Auswirkung unserer eingeschränkten Wahrnehmung der materiellen Welt.

Das führt uns zu einem totalen Paradigmenwechsel in Geist und Materie: Unsere Wahrnehmung ist nur unsere Perspektive, mit Hilfe unserer selektiven Wahrnehmung gestalten wir unsere Realität durch Akzeptanz oder Nichtakzeptanz. Damit ist alles perfekt, außer ich will es nicht so sehen!

Diese wahrhaft kühne Behauptung über das Zusammenspiel von sichtbarer und unsichtbarer Welt bedarf nun natürlich noch einer Darstellung, der auch unser Verstand folgen kann. Ich greife dazu auf das oben beschriebene Modell des Atoms zurück.

Die ungeheure Energie, die Atomkern und Elektronenhülle zusammenhält, ist für uns nicht sichtbar und auch nicht mit anderen Sinnen erfassbar. Aber seit der ersten Atombombe wissen wir definitiv, dass sie existiert. Sie ist das Energiefeld des Mikrokosmos. Analog dazu ist die Schwerkraft das Energiefeld im Makrokosmos. Diese unsichtbaren Kräfte bestimmen den Zusammenhalt des gesamten Universums, das ist eine Binsenweisheit.

Kräfte und Energien sind nicht materiell, oder besser gesagt, sie sind mit unseren Sinnen nicht als materiell erfassbar. Doch sie bewegen Atome, Planeten und Sterne im kleinsten wie im größten. Materie – so weit überhaupt vorhanden – steht in einem reaktiven Verhältnis zur Energie, denn Energie kann Materie beliebig „überspringen". Ich glaube, von Isaac Newton stammt der Versuch mit den fünf Metallkugeln, die hintereinander an Schnüren so aufgehängt werden, sodass sie sich berühren. Zieht man an einem Ende eine Kugel weg und lässt sie wie ein Pendel auf die ganze Reihe schlagen, dann bewegen sich die mittleren drei Kugeln nicht. Erst in der letzten wird die Stoßenergie durch einen seitlichen Ausschlag sichtbar. Die Energie pflanzt sich unsichtbar durch die mittleren Kugeln fort. Ähnlich stellt man sich auch die Ausbreitung von elektrischem Strom in einem Leiter vor. Es rasen also keine Elektronen durch den Draht ….

Beobachtungen der Quantenphysik zeigen das gleiche Bild noch viel drastischer: Jedes Teilchen, das einmal mit einem anderen in Berührung kam, reagiert mit diesem ohne Verzögerung, auch wenn sie mittlerweile Lichtjahre voneinander getrennt sind. Und wenn man weiters ein Teilchen messtechnisch frägt: Bist du ein Teilchen? Dann wird es antworten: Ich bin ein Teilchen! Frägt man es aber, ob es eine Welle sei, dann antwortet es mit: Ich bin eine Welle. Ob diese subatomaren Teilchen nun beide Eigenschaften besitzen, da sie exakt an der Grenze zwischen materieller und energetischer Welt angesiedelt sind, oder ob sie unter dem Einfluss der Beobachtung ihren „Aggregatzustand" ändern, ist für mich letztlich ziemlich unerheblich.

Wenn Materie also nichts anderes sein sollte als Energie auf niedrigerer Schwingungsebene, dann wird daraus deutlich, dass die Energie den Vorrang hat vor der Materie, dass Materie von der Energie gesteuert wird. Somit gibt es im Raum im Grunde nur noch Schwingungen im Energiefeld. Das Energiefeld des Atoms genau so wie das Energiefeld eines Sonnensystems. Ein Unterschied zwischen Materie und Nichtmaterie ist nicht mehr erkennbar, er existiert nur in unserer beschränkten Wahrnehmung!

Auch wenn wir Menschen in der unsichtbaren Welt bei weitem nicht alles wahrnehmen können, so muss es doch Verlagerungen der

Energien geben, die sich etwa ausdrücken durch die Supernova eines explodierten Sterns. Verschiebungen von Energien führen daher zu Veränderungen in der Materie. Die Kontinentaldrift führt zu Staubildungen in den Kollisionszonen der Kontinente. Wird die Energie (der Druck) zu hoch, dann verschieben sich die Kontinentalplatten und die Menschen an der Oberfläche erleben ein Erdbeben. Sind die Druckunterschiede in der Luft zu hoch angestiegen, dann erleben die Menschen einen Sturm. Für die zivilisierte Menschheit können solche energetischen Vorkommnisse zu einer großen Bedrohung werden, weshalb sie als Negativenergie wahrgenommen werden.

Wenn die sichtbare und die unsichtbare Welt tatsächlich eine untrennbare Einheit darstellen, dann müssen energetische Verschiebungen jedoch auch von unten nach oben wirksam sein. Spannungen in der Materie müssen sich dann ebenso in energetischen Ungleichgewichten äußern, so wie sich Spannungen in der Nichtmaterie auf die sichtbare Welt auswirken. Vor einigen Jahren begab sich auf unserer Welt ein schreckliches Unglück, das diesen Zusammenhang aufzeigen kann. Ein Zusammenstoß der Kontinentalplatten hatte eine Seebeben ausgelöst, das in Indonesien und Thailand annähernd eine Viertelmillion Menschen das Leben kostete.

Auf der vom Tsunami am stärksten betroffenen Insel Sumatra hatte zuvor 30 Jahre lang ein schrecklicher Bürgerkrieg gewütet und es braucht nicht viel an Phantasie, um sich auszumalen wie viel Hass und Gewalttätigkeit diese Region beherrschten, wie viele verzweifelte Flüche hier in den Himmel aufstiegen. Das schuf offenbar in der unsichtbaren Welt dieser Zone ein energetisches Spannungspotenzial von ungeheuren Ausmaßen, das sich in der brechenden Gesteinsschicht unter dem Meer befreite.

Und ein allgemein bekanntes Beispiel liefert uns auch der Alltag: Herrschen Spannungen in der Familie, dann geht noch bald mal ein Stück Geschirr oder ein Glas zu Bruch. Scherben bringen in diesem Fall dann Glück, wenn sich die Spannungen damit ausreichend abreagiert haben, signalisiert durch ein befreites Gelächter. Menschen in unseren Breiten haben da allerdings eher die Neigung zu schimpfen, wodurch sich neuerdings Spannungen aufstauen und der nächste Crash ist damit programmiert.

Die Erklärung für alle diese Erscheinungen lautet wie schon gesagt Potenzialausgleich. Negativ geladene Teilchen strömen zum Pluspol. Im Tiefdruckgebiet entsteht ein Sturm, der das Tief auffüllen soll. Energie kann zwar weder gewonnen noch verloren werden, sie strebt aber immer einen Ausgleich der Potenzialzustände an. Man könnte in Anlehnung an die Sprache Laotses auch sagen: Fülle dringt in die Leere, Leere drängt an die Fülle. Oder biblisch: Wer hat, dem wird dazugegeben, und wer nicht hat, dem wird auch das Letzte genommen. In die heutige Sprache übersetzt kann das nur heißen: Wer sich im energetischen Gefühlszustand der Leere befindet (Armut, Depression etc.) und dort verharrt, der wird untergehen. Nicht aus der Grausamkeit Gottes, sondern weil es ein energetisches Naturgesetz ist.

Wenn wir die Augen öffnen, dann sehen wir im Alltag eine große Menge von Begebenheiten, die auf das Gesetz des Energieausgleichs verweist. Verliebte mit ihrer hohen Energie und Schwingung ziehen hungrige Energieräuber an wie das Licht die Motten. Dass Spannungen zwischen Völkern Krieg herbeiführen ist ein Gemeinplatz, dass solche Spannungen hingegen noch weitere Energieabreaktionen auch auf der ganz primitiven materiellen Ebene bewirken können, schon nicht mehr. Daher werden kriegführende Nationen zusätzlich oft noch von anderem Unheil getroffen. Die kleine Eiszeit im 17. Jahrhundert mit Hungersnot und Hexenverfolgung war eine Begleiter-scheinung des Dreißigjährigen Krieges. Die massiven Konflikte in der unsichtbaren Welt schufen also zusätzlich harte Konsequenzen für die Menschen in diesem Energiefeld.

Doch es muss gar nicht mal so dramatisch ausfallen. Autofahrer, die sich wegen des Fehlers eines anderen derart alterieren, dass sie in der Luft zerspringen könnten, bauen ein energetisches Ungleichgewicht auf, das sich manchmal in einem kleinen Unfall nebenan entlädt. Familiäre Spannungen entladen sich vielleicht im Geschirrschrank oder psychische Spannungen lassen den Computer oder sonstige Elektronik kollabieren.

Energie umgibt nicht nur uns Menschen wie ein Feld, sondern natürlich auch alle Gegenstände unserer Umwelt, alle unsere Gemeinschaften und alle unsere Städte und Länder. Alles was hier an Gefühlen und Gedanken kumuliert wird, kann sich an anderer Stelle in Form von Entspannung entladen, manchmal sehr abrupt entladen. Wir alle sind in diesen Feldern über unsere Energien miteinander verbunden und haben dementsprechend Verantwortung für den Zustand dieser Felder: Mein Groll und meine Wut sind in dieser Betrachtung nicht nur meine Privatangelegenheit, sie spielen in das Feld unserer Umgebung hinein und haben dort Auswirkungen.

Manches Unglück, das uns scheinbar unverschuldet trifft, ist die Folge solcher Ungleichgewichte in unserem größeren Umfeld. Weil wir das aber nicht wissen, dafür also keinen Sensor haben, nennen wir es ein unverschuldetes Unglück. Tatsächlich ist es oft nur Unwissenheit, mit der wir uns selbst zum Opfer machen. Da die Leere zur Fülle drängt, Negativenergie also zur Positivenergie fließt, hat die tägliche „gute Tat" oft Ärger im Gefolge. Das wussten schon die alten Chinesen: Tust du Gutes, hast du Zulauf; hast du Zulauf, hast du Neider; hast du aber Neider, so hast du auch Streit und Hader. Hüte dich also davor, vor aller Augen Gutes zu tun! Und was sagte Jesus dazu? „Die Rechte soll nicht wissen, was die Linke tut!" Heute aber sollte man das Gute, das man getan hat, lauthals an die große Glocke hängen!

Akkumulierte Negativenergien in der unsichtbaren Welt führen zu Gewaltauswirkungen auf der materiellen Ebene. Sie können aus ungebremsten Emotionen genauso entstehen wie aus einem unreifen Geist. Jeder in diesem Energiefeld ist für dessen Zustand verantwortlich, wenn er z.B. seiner Wut – einer mächtigen Energie in der unsichtbaren Welt – weiter Nahrung gibt. Jeder der in einem aufgeladenen Umfeld nicht zur Entspannung beiträgt, trägt bei an der Lizitation der Spannungen – durchaus auch zu seinem eigenen Nachteil! Das gilt für Einzelpersonen genauso wie für ganze Völker. Energiespannungen, die in der unsichtbaren Welt aufgebaut werden, müssen nach dem Gesetz des Potenzialausgleichs genau so entlastet werden wie Spannungen in Gesteinsplatten. Das meinen sowohl Nostradamus als auch die Apokalypse damit, dass gegen Ende der

Zeiten Kriege und Naturkatastrophen in ungeahntem Ausmaß zunehmen werden. Weil wir aber so sehr auf die Wahrnehmung der materiellen Welt fixiert sind – und das ist in Wahrheit die Dualität -, sehen wir oft nicht die wahren Ursachen, die von uns selbst in der unsichtbaren Welt mit aufgestaut wurden.

Wir sind es daher oftmals selber, sind es als unzufriedene menschliche Geister mit ihrer zornigen Energie, die aus einem Wind einen Sturm und aus einem leichten Erdbeben eine Katastrophe machen. Wenn wir uns und unser Universum als unteilbare Einheit anerkennen, wenn wir auch jene Teile wahrnehmen, die wir nicht mit unseren Augen sehen können, dann könnten wir auch die Verantwortung wahrnehmen, die wir in diesem Universum haben.

Zusatz 2018: Warum macht uns derzeit das unberechenbare Verhalten eines amerikanischen Politikers solche Sorgen? Ich vermute wir wissen alle, dass hier mehr als Geschirr zu Bruch gehen kann!

3. Am Anfang war das Wort (2017)

Was ist da nicht schon überlegt und interpretiert worden, was mit diesem Beginn des Johannesevangeliums gemeint sein könnte; (und wohl auch viel gefaselt).

„Die Worte hör ich wohl, allein mir fehlt der Glaube!" (J. W. Goethe) Aber das meint etwas anderes!

Tiere haben maximal Laute, Worte kann nur der Mensch erzeugen. Und darauf ist er ungeheuer stolz. So stolz, dass er zuletzt an seine eigenen Worte glaubt. An die Worte anderer allerdings nur bedingt! Dabei wäre den eigenen Worten gegenüber mindestens so oft Skepsis angebracht, denn hier verbirgt sich die große Schwester der Lüge, die Täuschung in ihrer noch gefährlicheren Form, der Selbsttäuschung.

Worte sind nicht nur Träger von Informationen, sie sind auch die Taufpaten der Regeln, nach denen wir alle leben. Diese Regeln werden von Juristen gemacht und haben die Gestalt von Gesetzen. So kann gesetzlich Entsetzliches entstehen. Sehen sie hier einen beispielhaften Auswurf einer Norm der österreichischen Hoheitsverwaltung, sozusagen ein sputum legis:

Vor weit über dreißig Jahren besuchte ein braver, anständiger Tiroler einen Ball. Im Zuge des fortschreitenden Abends kam er (trotz Alkohol!) zur selbstkritischen Einsicht, dass er auf Grund seines Promillegrades nicht mehr in der Lage war, sein Auto nach Hause zu lenken. Ein echt rechtstreuer Staatsbürger bestellt sich in einem solchen Fall ein Taxi, so auch unser braver Tiroler. Da aber die Ballsaison für gewöhnlich im Winter ihren Verlauf nimmt, war es an diesem späten Abend grimmig kalt. Und weil unser braver Mann nicht der einzige anständige Tiroler war, dauerte es entsetzlich lange, bis das bestellte Taxi eintraf. Doch zuvor schon war das Unheil eingetroffen. Der gute Mann hatte den Motor seines Autos gestartet und die Heizung eingeschaltet. Um seine Redlichkeit jederzeit unter Beweis stellen zu können, setzte er sich nicht auf den Fahrersitz, sondern spielte gewissermaßen seinen eigenen Beifahrer, er saß also auf dem Beifahrersitz. Dortselbst wurde er von den damals noch grünen Männern betreten und zum Alkotest aufgefordert, der naturgemäß positiv ausfiel.

Nun hat das gesetzliche Verbot, alkoholisiert ein Fahrzeug zu lenken, natürlich den Sinn, andere Verkehrsteilnehmer zu schützen vor Leuten, die nicht mehr fahrtüchtig sind. Um dieses Ziel ganz sicher zu erreichen, hat der Gesetzgeber formuliert, dass der strafbar ist, der sein Fahrzeug in nicht fahrtüchtigem Zustand in Betrieb nimmt. Es genügt also bereits, den Motor zu starten, ja es genügt bereits, das Auto nur aufzusperren. Die dramatisierte Form eines solchen Verwaltungsaktes lautet dann wohl: es kam wie es kommen musste, der Führerschein war weg! Und er blieb es auch, denn unser anständiger Tiroler hatte den Prozess verloren, sogar beim Verwaltungsgerichtshof. Die Worte: „... in Betrieb genommen ..." waren stärker als jeder Hausverstand.

Man sieht an diesem Beispiel, wie Bedeutungen verändert werden können, ob man alles einfach wörtlich nimmt, oder den Sinn des Wortes mit einfließen lässt. Aber gerade die Juristen gehen dem Sinn im weiten Bogen aus dem Weg, erkennbar an der Reihung ihrer Interpretationsregeln, wo die wörtliche Auslegung den ersten Rang belegt, die teleologische (sinngebende) hingegen erst den letzten. Es wäre jedoch sinnvoll, einmal darüber nachzudenken, dass Wort und Sinn untrennbar zusammen gehören. Denn ein Wort ohne Sinn ist absolut *nutzlos*!

Achtung Differentialdiagnose: Nicht alles liegt am Wort oder an der Unschärfe seiner Bedeutungen! In einer Runde alter Herren wird es einer größeren Anzahl zu bunt und sie fordern einen ungeheuer eloquenten Kollegen auf, endlich still zu sein, damit man weitermachen könne. Worauf dieser alle anderen auffordert, endlich still zu sein, damit man endlich weitermachen könne. Erkennbar geht es hier nicht um die Deutung des Wortes „still", sondern um eine Störung der Wahrnehmung von der eigenen Wichtigkeit, bzw. um die Unfähigkeit zur Selbstkritik. Manchmal beschleicht einen allerdings der Verdacht, es fehlte die Verbindung zwischen dem Gehirn, das die Worte formuliert, und der Zunge, die sie unaufgefordert ausspricht.

Es kann durchaus nützlich sein und ist jedenfalls immer zu empfehlen, ein Wort einmal auf den Wortlaut zu untersuchen. Da können Bedeutungen zum Vorschein kommen, an die man bislang nicht gedacht hat. Pülcher ist ein in Österreich sehr geläufiges Schimpfwort und wohl auch eins der ältesten. Es bezeichnet einen unehrenhaften Menschen, in dessen Gegenwart man nicht nur auf seine Worte sehr genau achtgeben sollte, sondern auch auf die eigene Geldbörse. Es gibt diesen Ehrentitel seit annähernd neunhundert Jahren, als sehr viele ehrenhafte, schlecht ausgerüstete und ständig hungrige Leute ins Heilige Land zogen, um das Heilige Grab von den Ungläubigen zu befreien. Es stammt also von den Pilgern, die alles wegtrugen, was nicht *niet- und nagelfest* war.

Auch damit wird sichtbar, dass Worte die Neigung haben, ihre Bedeutung ins Negative zu verändern. Oder besser gesagt haben wir Menschen die Neigung, Worte und Begriffe im Laufe der Zeit abzuwerten. Hieß es also im Mittelalter noch: Das prune Veilchen stinkt, dann hat das Veilchen später gerochen und heute duftet es (… bereits, was nichts anderes heißt, als dass wir den beginnenden Verfall des Wortes duften bereits zu riechen beginnen). Aber Worte sind nicht nur austauschbar, sie unterliegen auch einer wertenden Bedeutung.

Da gab es in meiner Heimatstadt vor vielen Jahren eine Gasse, die nach einem großen Österreicher benannt war, einem Kernphysiker, also nichts was man der Gasse anlasten hätte können. Leider befand sich in dieser anrüchigen Gasse ein Haus, in dem von der Stadtgemeinde jene Leute untergebracht wurden, die aus verschiedensten Gründen ihre Wohnung verloren hatten. Darunter waren natürlich nicht nur Opfer persönlicher Schicksalsschläge sondern auch eine ganze Reihe von „Pilgern". Dadurch hatte sich ohne jegliches Zutun unseres Nobelpreisträgers seine Gasse einen recht üblen Leumund erworben, der zur Folge hatte, dass jeder Arbeitsuchende mit dieser Adresse keinen Job bekam. Man hat mit Nietzsches „adventavit asinus – pulcher et fortissimus" wirksame Abhilfe geschaffen und die Gasse aufgeteilt auf zwei angrenzende, die die Namen österreichischer Feldmarschälle tragen. Nach weniger als einem Monat hatten nun die Herren Daun und Laudon auf dem Umweg ihrer Gassen auch einen schlechten Ruf!

Worte sind Schall ohne Rauch! Worte – vor allem Schlagworte – werden in geradezu ungeheurer Zahl produziert. Vor allem die Politik tut sich hervor, wenn es um die Generierung von neuen Vokabeln geht, natürlich mit dem unverhohlenen Ziel, sich selber damit das Mäntelchen herausragender Intelligenz umzuhängen. Die meisten davon (Schlagworte und Politiker) verschwinden so schnell wie die heurige Herbstmode aus den Schaufenstern. Warum tun sie das? Worte haben in der modernen Gesellschaft den selben Stellenrang wie eine Trommel in einer Schimpansenhorde. Wer fester draufhaut, ist über kurz oder lang der Rudelführer!

Die Sprache ist die höchste Entwicklung der menschlichen Spezies. Der Mensch weiß das und er ist sehr davon angetan, dass er so großartig geraten ist. Er ist sogar so sehr davon angetan, dass er ob seiner Worte nicht nur in Begeisterung verfällt, er geht so weit, sie auch zu glauben und diesen Glauben gegenüber anderen einzufordern. Dabei sind es nur Worte, die er selber erfunden hat! Also war am Anfang das Wort und am Ende war der Turm zu Babel! Oder am Anfang war das Wort und am Ende war das Schweigen?

Jenseits des Wortes, auf das die Menschen so stolz sind, dass sie ihm schlicht Wahrheit beimessen, steht die Wortlosigkeit der Mystik. Wirklich große Erkenntnisse lassen sich nur selten in Worte fassen. Wenn sich das Wort zurückgezogen hat und die große Stille eingetreten ist, dann findet die Seele zur wahren Erleuchtung. Die Meister dieses Mediums finden wir nicht bei den Dichtern, die ja wieder nur Worte generieren, die Meister der Wortlosigkeit finden wir in der Musik. Sie allein kann das transportieren, was den Worten auf Grund ihrer Unschärfe und Vieldeutigkeit verwehrt bleibt.

4. Archaisches Denken (2012)

Wer nicht für mich ist, ist gegen mich:

Dieser Satz wird sehr häufig verwendet. Soweit mir erinnerlich, kommt er das erste Mal in der Bibel vor, er dürfte von Jesus stammen.

Der Inhalt dieses Satzes ist blanke Schwarz-Weiß-Malerei. Er lässt kein differenziertes Denken zu, er lässt auch keine Alternative zu und ist somit nur in seltenen Fällen des Lebens eine wirkliche Hilfe. Er zwingt zu spontaner Reaktion, zu rascher Entscheidung wie wir sie aus den Bedingungen des Reptiliengehirns kennen: Kämpfen oder Weglaufen – etwas anderes scheint es nicht zu geben.

War Jesus von diesem Denken beeinflusst? Dann hätte er zweifellos einen „blinden Fleck" in seiner Seele gehabt, einen unbewussten Anteil seiner Stammesgeschichte. Alle anderen Aussagen von ihm sind jedoch hoch differenziert und von einem Wissen bestimmt, dem man sich erst durch intensive Arbeit nähern kann.

Wir kennen jedoch auch viele Aussagen von ihm, die darauf schließen lassen, dass er seinen Jüngern nicht mehr zumuten wollte, als sie ertragen konnten. Wenn dieses einseitige Denken schon heute noch so weit verbreitet ist, wie viel mehr muss es damals in den Köpfen der Menschen geherrscht haben. Hat er also versucht, ihnen auf diesem Wege etwas näher zu bringen, das sie anders nicht verstanden hätten oder wollte er auf die wenigen Situationen im Leben anspielen, in denen diese Aussage tatsächlich stimmt?

Einerlei, wer diese Forderung heute aufstellt, er verlangt zwingend die unwidersprochene Anpassung an die vorherrschende Meinung. Am Beispiel unserer Politik heißt das wohl: Die RSBG-Bündelpartei Österreich ist die eine wahre Partei (jede für sich Weltanschauung, Gesinnungsgemeinde, Religion etc.), wer sich Anschauungen einer anderen Richtung aus diesem Spektrum zu eigen macht, hat in unserer Gemeinschaft nichts verloren! Ein R-Parteimann kann doch nicht der Anschauung der S- oder G-Partei etwas abgewinnen, wo kommen wir denn da hin?! Verhandlungsergebnisse von R-S mit B oder G haben dann in der Regel erstaunlicherweise genau diese Inhalte, die man vorher in der eigenen Partei ausschalten wollte. Die normative Richtungsbildung in der Republik geht aus der Polarität der Parteien hervor! Dass es aber ohne Polarität nicht geht, dafür sorgt schon das Reptiliengehirn!

„Wer nicht für mich ist, ist gegen mich" hat somit den Charakter eines äußeren Zwanges, der die Entwicklung eines eigenständigen Denkens ver…zögert, denn verhindern kann diese Haltung auf Dauer die Individuation ja doch nicht! Bricht der Einzelne noch nicht heute aus dem Käfig aus, so tut er es später, vielleicht auch erst in einem späteren Leben.

Die Erinnerungen an unsere Stammesgeschichte

Archaisch heißt alt und archaisches Denken ist damit ganz eindeutig darauf ausgerichtet, die gleichen Mechanismen zu leben wie unsere Vorfahren vor 1.000 oder 2.000 oder auch 5.000 Jahren. Je unsicherer die Zeiten sind, umso vorsichtiger muss die Umwelt betrachtet werden, je mehr Feindschaft und Hass in der Umwelt sichtbar werden, desto mehr Misstrauen wird sich in der Seele der Menschen breitmachen. Je schärfer sich die Umwelt polarisiert, desto mehr Abkürzungen wird das Denken nehmen, um damit das Überleben des Individuums zu sichern. Der Selbsterhaltungstrieb ist immer Ich-bezogen.

Solche Erfahrungen graben sich in die Psyche eines Menschen ein und wenn sie lang anhaltend sind, dann werden sie zu einem Teil der Charakterstruktur. Da aber solche Erfahrungen nicht nur von einem Menschen allein gemacht werden, sind sie bald auch Teil der kollektiven Psyche, sie werden zum kollektiven Unbewussten oder wie ich es nenne zum Gedächtnis eines Landstriches. Grundsätzliche Haltungen von großen Menschengruppen sind von geschichtlichen Erfahrungen geprägt, auch wenn diese inzwischen längst vergessen worden sind. Sie sind damit jedoch nicht wirkungslos geworden, denn die innere Haltung einer großen Zahl von Menschen wirkt sich zwingend auf das gegenwärtige Umfeld aus und führt dort zu ähnlichen Erfahrungen, wie sie die Vorfahren des „Auslösers" vor vielleicht hunderten Jahren gemacht haben.

Diese Gedanken scheinen sehr abstrakt, werden jedoch sofort verständlich, wenn man die europäische Geschichte anschaut: Über 1.000 Jahre haben die Deutschen mit den Franzosen schlechte Erfahrungen gemacht – und natürlich die Franzosen mit den Deutschen! Die Völker Mitteleuropas wissen aus historischer Erfahrung, dass aus dem Osten nichts Gutes kommen kann. Erst kamen die Hunnen, dann die Awaren, dann die Magyaren, dann die Mongolen, dann die Türken und zuletzt die Russen. Selbst als die Ungarn schon längst christianisiert waren, kamen sie als Kuruzzen wieder. Sage niemand: „Das war einmal!"

Heute bedienen sich politische Parteien der unbewusst gewordenen Ängste von damals und projizieren sie pauschal auf alle Anhänger des Propheten Mohammed. Wie oft hingegen die Europäer beginnend mit dem Deutschen Ritterorden in den Osten eingebrochen sind, fällt dabei geflissentlich unter den Tisch.

Kurzfassung: Archaisches Denken besteht in der Zuweisung von Schuld und Minderwertigkeit unter Ausschaltung der Reflexion.

5. Alter Boden – neue Früchte   (2018)

Schon vor Jahren habe ich die Hypothese aufgestellt, dass das Denken der Menschen in bestimmten Gegenden sehr stark geprägt ist von den historischen Erfahrungen ihrer Vorfahren. Ich habe in Anlehnung an die Arbeiten von C. G. Jung behauptet, dass jeder Landstrich ein Gedächtnis hat. Ich möchte das aber nicht so verstanden wissen, also ob sich diese Erfahrungen im Boden selber verankert hätten in Gestalt von Akasha-Chronik oder morphischen Feldern, wie das von Rupert Sheldrake formuliert worden ist: jeder Ort auf der Erde hat seine Geschehnisse in einer Art unsichtbarer Bibliothek in Erinnerung. Mit bestimmten Methoden können diese Erinnerungen auch abgerufen werden.

Ich gehe vielmehr davon aus, dass Eltern ihren Kindern ein Vermächtnis ihrer Erfahrungen mitgeben in Form von unbewussten Einflüsterungen oder nachhaltigen Einschärfungen. Diese werden ganz tief ins Unbewusste übernommen und steuern von dort aus das Verhalten der Nachfahren, die nur noch unter erheblicher Anstrengung herausfinden können, was sie tatsächlich beeinflusst und aus welcher Zeit es stammt.

Ein von mir hoch geachteter, allgemein anerkannter Psychiater und Neurologe hat mich vor mehr als einem Vierteljahrhundert auf diese Art von Geschichtsbewusstsein aufmerksam gemacht. „Sie müssen wissen, diese Gegend war Freiland!" Nun war mir diese Bezeichnung durchaus geläufig, weil es Ortschaften gab, die diese Bezeichnung im Namen tragen. Über die Hintergründe wurde ich allerdings erst jetzt aufgeklärt. Vor ziemlich genau vierhundert Jahren kam die sogenannte Gegenreformation voll in Schwung. Mit sanften und auch weniger sanften Mitteln wurden die Protestanten in den Ländern der Habsburger dazu genötigt, wieder zum alten und wahren Glauben des Katholizismus zurückzukehren. So wollte es der junge Kaiser Ferdinand II. Nebenbei bemerkt, eine seiner Früchte war der Dreißigjährige Krieg.

In den Kernländern des Habsburgerreiches versprach der Kaiser allen Menschen Land, wenn sie sich getreu dem Augsburger

Religionsfrieden von 1555 wieder seiner Religion anschlössen. Land war jedoch nur mehr in einer Seehöhe über 1000 Metern zu haben. Es war das einzige Land, das dem Kaiser gehörte, weil es sonst niemandem gehörte. Dieses Freiland verschenkte der Kaiser an alle reumütigen Wiederkehrer.

Was wusste der neue Grundbesitzer in dieser Höhenlage über seinen Nachbarn? Um die eigene Scham nicht spüren zu müssen, warf er jenem vor, ein Verräter am wahren Glauben (nämlich dem protestantischen) zu sein und berechnend, da er sich seine Überzeugungen mit einem Grundstück hatte abkaufen lassen. Er warf ihm also mit heutigen Worten Korruption vor. Jeder auf diesen Berghöfen wusste von jedem seiner Nachbarn, dass er ein Schurke war. Eine solche Haltung zeugt Misstrauen und gute Nachbarschaft war daher im allerbesten Fall nur an der Oberfläche der Höflichkeit möglich. Tiefe Überzeugungen drücken sich anders aus. Die Menschen aus dieser Gegend sind vorsichtig und nicht leicht schenken sie Vertrauen. Der unschuldige, alte Urwaldboden hat also ein Frucht von durchaus zweifelhaftem Wert hervorgebracht.

Eine ähnliche Sache trug sich 100 Jahre früher am Haushamerfeld in Oberösterreich zu. Sie ging als Frankenburger Würfelspiel in die Geschichte ein. Nur wenige Jahre, nachdem Martin Luther seine 95 Thesen an die Tür der Schlosskirche von Wittenberg geschlagen hatte, wagten die Bauern in den deutschsprachigen Ländern ihre Aufstände, um auf die entsetzliche Not ihres Standes aufmerksam zu machen. Seit jeher aber haben Herrscher alles unterdrückt, was nach Revolte roch, so auch in diesem Fall.

Der Landesfürst lud die Anführer der Bauern zu Verhandlungen auf das Haushamerfeld und als sie alle versammelt waren, ließ er es von dreitausend Reitern umstellen. Die Bauern wurden gefangen genommen und mussten nun zu zweit ein Würfelspiel austragen. Der jeweils Unterlegene baumelte dann am Kirchturm und das nicht nur in Frankenburg.

Was bleibt in den Herzen der Menschen zurück nach einer solchen Aktion? Ohnmächtige Wut! Die sich aber nicht auf den Fürsten richten durfte, denn er war von Gott als die rechtmäßige Obrigkeit eingesetzt. Wenn die Wut also kein Ventil fand in die Richtung nach oben, dann konnte sie sich nur untereinander entladen, vordergründig wohl auf die Sieger im Würfelspiel. Oder sie entlud sich nach unten auf jene Menschen, die sich am wenigsten wehren konnten, Frauen und Kinder. Wurden die Kinder dann erwachsen, dann gaben sie ihre Rache nach unten weiter. Weil der Anlass für diese Spiele nicht mehr bewusst war, handelte es sich dann um blinde Machtausübung, die wir mit heutigem Wissensstand als faschistoid bezeichnen können. Mir geht es dabei nicht um Schuldzuweisungen, sondern um das Aufzeigen von gesellschaftlichen Abläufen. Eines ist jedoch deutlich sichtbar: alte „Sünden" können über Jahrhunderte ihre Relevanz haben und das Leben der Menschen vergiften.

Ohne es jetzt ausdrücklich gesagt zu haben, ist der Hintergrund solcher alter Geschehnisse sehr oft in religiösen Differenzen zu finden. Und kein Krieg wird fanatischer geführt als ein Religionskrieg. Wenn eine Wahrheit durchgesetzt werden soll, die nicht für jedermann als Wahrheit erkennbar ist – und das ist das Wesen einer jeden Religion -, dann geht es nicht mehr um Unachtsamkeit oder den Mangel an Einfühlungsvermögen, dann geht es nur mehr um Härte und Unnachgiebigkeit. Dabei hat schon allein der Mangel an Voraussicht oft große Katastrophen ausgelöst. Als etwa die Kirche im 9. Jahrhundert in bester Absicht die Ehe aufwerten wollte, hat man nicht die Folgen bedacht, dass damit jedes uneheliche Kind zum Bankert oder Winkelkind (nach dem Ort ihrer Zeugung) abgewertet wurde. Jetzt nach über 1000 Jahren ist dieser Missstand noch immer nicht gänzlich überwunden.

Noch viel drastischer sichtbar wird der religiöse Hintergrund in einer gesellschaftlichen Grundhaltung, die wir in Gestalt des Kapitalismus leben. Was hat das zu bedeuten?

Martin Luther, der kluge Theologe, hat sich nicht nur gegen den Ablasshandel der römischen Kirche gestellt und entging dem Scheiterhaufen nur durch den Schutz eines mächtigen Landesfürsten, für den er wohl nicht mehr als ein politisches Faustpfand gegen die Macht der Kirche war. Er hat auch die theologische Weiterentwicklung der christlichen Lehre betrieben. Vor allem in seiner Lehre von der göttlichen Gnade geriet er in starken Gegensatz zur römischen Kirche, die grundsätzlich noch immer voluntaristisch dachte: der Wille geht fürs Werk. Die Werke allerdings gingen meistens wieder dorthin, wo Luther die größten Probleme sah, sie gingen in Gestalt von Geld nach Rom.

Der Konflikt wäre schon groß genug, stünden nur Voluntarismus und Gnade gleichberechtigt neben einander. Nachdem Luther seine neuen Gedanken formuliert und dabei sogar überlebt hatte, brachen die nächsten Reformer mit eruptiver Gewalt aus. Der Schweizer, Jean Calvin, war wohl der wichtigste unter ihnen, zumindest was eine Reichweite anging. Für ihn gab es nicht mehr Wollen oder Gnade, für ihn war alles nur noch die Gnade Gottes, was nichts anderes bedeutet, als dass Gott ohnehin alles schon im voraus weiß und daher alles vorherbestimmt ist. Auf diese Weise kam das islamische Element des Kismet in die christliche Lehre. Allerdings fehlt im Calvinismus die moslemische Aufforderung zur Barmherzigkeit. Das spüren wir noch heute!

Calvin wurde aus der Schweiz vertrieben und lehrte in Frankreich weiter. Seine Anhänger, sie wurden dort Hugenotten genannt, wurden von den katholischen Königen schärfstens verfolgt (und vielleicht deshalb so erfolgreich) und flüchteten in Scharen ins Ausland. In Österreich und Deutschland wurden sie weitgehend assimiliert, man erkennt sie heute nur noch an ihren Namen, die sich erhalten haben. In England jedoch, wo sie den Namen Puritaner erhielten, wurden sie genauso heftig verfolgt und flüchteten daher in die englischen Kolonien nach Übersee. Hier entwickelte sich der Puritanismus zur vollen Blüte. Der Grundsatz der amerikanischen Puritaner lautete: Einem Erwählten zeigt Gott seine Gnade schon zu Lebzeiten durch Reichtum. Setze also alles daran, reich zu werden, dann gehörst du zu den Erwählten Gottes. Soll heißen, ein Puritaner arbeitet bis zum Umfallen, um zu den (reichen) Erwählten zu gehören. Und alles andere ist Vorherbestimmung! Natürlich können nicht alle erwählt sein und daher kann es natürlich auch nicht nur reiche Leute geben. Aber Mitleid mit einem armen Menschen ist sinnlos, denn sein Schicksal wurde von Gott so vorherbestimmt. Wer sollte denn schon klüger sein wollen als Gott selber!

Ein kleiner Rest Menschlichkeit aber lebt in jedem Menschen weiter und daher ist es nicht ohne weiteres angängig, an einem im Dreck sitzenden Bettler ungerührt vorbei zu schlendern, da regt sich dann doch etwas im eigenen Inneren. Und genauso kann ein Industrieboss die Klagen seiner armen Mitarbeiter auf Dauer nicht einfach vom Tisch fegen, weil eine Spur von Gerechtigkeitssinn in jedem von uns schlummert. Dem gerechten Gott sei gedankt, dass sich schon Jahrhunderte vorher ausgerechnet in der katholischen Kirche etwas entwickelt hatte, das dem Puritanismus nun sehr zustatten kam.

Der Vorwurf an die Adresse der Kirche war ja nicht neu, dass sie sehr reich sei. Hatte eine Pfarre nun eine große Pfründe in Form etwa eines Waldes, dann kam sofort die Frage: wem gehört dieser Wald? Der gehört der Pfarre! Also dir, Herr Pfarrer! Nein, die Pfarre sind wir alle! Da nahm sich ein Pfarrmitglied Axt und Säge und betrat „seinen" Wald mit der Absicht, sich „seinen" Anteil zu holen. Das war es nun wiederum auch nicht und so hatte irgendwann einmal ein gewiefter Kirchenmann die Idee zu sagen: Dieser Wald gehört niemandem, der gehört sich selber. Das war die Erfindung der juristischen Person hier in Gestalt eines institutum non collegiale, also zum Beispiel einer Stiftung.

Juristische Personen sind nur durch ihre Organe handlungsfähig, das kann einem Calvinisten nur gefallen. Der Vorstandsvorsitzende einer Aktiengesellschaft ist nur jenen Leuten verpflichtet, die von seinem Industriekomplex Anteilscheine gekauft haben, also den Aktionären, deren Gewinn er zu steigern hat. Nun kann er guten Gewissens am Bettler im Dreck vorbeigehen, auf deren Leben er absolut keinen Einfluss haben kann. Und er kann beinhart mit seinen Mitarbeitern umspringen, weil ihm sonst seine Aktionäre den Hals umdrehen. Die aber sind viele Kilometer weg von den Bettlern genauso wie von den Mitarbeitern. Der Reichtum ist anonymisiert worden, die Armut mit ihm.

Nach und nach ging auf diese Weise bei den Puritanern der religiöse Inhalt zurück. Der Zwang zu arbeiten und Reichtum anzuhäufen aber blieb und mit ihm eine gnadenlose Hetzjagd auf Kapital und Gewinn. Erlaubt ist dabei alles, was nicht gerade ein Gesetz verbietet. Doch die Erlassung von Gesetzen kann man beeinflussen durch Lobbying, man kann sogar bereits beschlossene Gesetze zur Krankenversicherung der Ärmsten per Präsidentenerlass wieder zu Fall bringen. Das führt zur Kälte im sozialen Leben, die gerade die amerikanische Gesellschaft so dominiert. Alle diese Mechanismen hat Max Weber vor fast hundert Jahren bereits in seinem berühmten Werk dargelegt: „Die protestantische Ethik".

Hier sieht man den amerikanischen Kapitalismus, so wie er nach der Niederlage Hitlerdeutschlands auch nach Europa importiert wurde. Auf dem alten Kontinent traf er auf die unbewusst noch immer voluntaristische Geisteshaltung der Europäer, mehrheitlich mit einem etwas weicheren Herzen, auch wenn oder weil es vorher eine besonders grausame Zeit der Gnadenlosigkeit gab. Damit haben wir aber heute die Situation, dass wir während der Woche unsere kapitalistische Konkurrenz leben, am Sonntag aber bekommen wir die Aufforderung zu Liebe und Barmherzigkeit zu hören. Dieser Widerspruch ist nicht zu ertragen und daher bleiben der Kirche nun in einem besonderen Akt der Ehrlichkeit am Sonntag die Messbesucher weg.

6. Die Einsamkeit des All-einen   (2017)

Man sagt, unerwiderte Liebe sei das Traurigste auf der Welt. Sogar Samuel Hahnemann, der Begründer der Homöopathie, führte viele Krankheiten auf unglückliche Liebe zurück. Dabei ist diese Liebe, die nur auf einen einzelnen Menschen zielt, noch nicht der höchste Zustand, den sich ein Liebender wünschen kann. In der Wolke momentanen Glücks können Männer und Frauen das Gefühl haben, die ganze Welt könnte sich an dem Maß an Liebe überfressen, das sie in sich spüren mögen. Ich selbst kann mich an Zeiten erinnern, wo ich diese umfassende Liebe auch gefühlt habe, allerdings mit dem Mangel geeigneter Adressaten. Immer wieder einmal war niemand da, der meine Geschenke an Zuneigung annehmen hätte wollen. Wem das Herz voll ist, dem geht der Mund nur dann über, wenn er Zuhörer hat! Ein volles Herz braucht ein Du, um sich entfalten zu können. Wenn das eine allgemein gültige Wahrheit sein sollte, dann gilt sie auch für mit menschlichem Verstand nicht erfassbare Wesen oder Energien, die viele Stufen über uns stehen.

Für uns Menschen, die wir mit unseren begrenzten Sinnen und Wahrnehmungen in einem für uns unbegreiflichen Kosmos leben, bedeutet das die Orientierung im Wege der Polarität. Um zur Erkenntnis der Realität zu gelangen, benötigt unser Denken das jeweilige Gegenteil eines beobachteten Objektes: Wenn alle Häuser gleich hoch sind, dann gibt es keine niederen und keine hohen Häuser. Man könnte sie bestenfalls abmessen und mit den Häusern einer anderen Stadt vergleichen. Unser Gehirn besteht also nicht nur aus zwei Hälften, es arbeitet auch im Zweischritt und sucht Erkenntnis durch Vergleiche mit dem Gegensatz, also in der Polarität. Bis dahin ist die Erklärung der Welt mit den Gesetzen von Isaac Newton vom normalen Hausverstand noch immer nachvollziehbar.

Liebe allerdings braucht keine Erkenntnis und keine Polarität, Liebe will sich verströmen. So weit versteht man das auch ohne höhere Philosophie. Bleibt wie gesagt die Frage offen, ob das eine allgemein gültige Wahrheit ist, oder nur eine für unseren menschlichen Geist zugemessene, eingeschränkt und bescheiden wie alles im Vergleich zum unermesslichen Kosmos.

Wenn Liebe sich nur verströmen will und keine Polarität kennt, dann ist das wohl die einzige Erkenntnis, die vielleicht auch für den nichtpolaren Kosmos Gültigkeit haben mag. Wie immer der nun entstanden ist - Schöpfung Gottes in sieben Tagen oder Urknall in 10^{-44} Sekunden. Letzteres verweist auf einen wesentlich flinkeren Initiator für die Entstehung des Kosmos; manche meinen dazu, dass nur der Zufall zu solchen Leistungen fähig sei, da es ja einen Gott bekanntlich nicht gibt, weil eben auch nicht geben darf!

Das englische Wort blockhead beschreibt trefflich die Qualität von Leuten, die über Dinge reden, die mit menschlichem Verstand ja doch nicht erfassbar sind. Ich weiß auch nicht, ob sich der englische Pastorensohn Charles Darwin selbst als Schöpfer einer neuen Ordnung sah. Jedenfalls wird er bis heute von seinen Anhängern eindeutig als Götze der neuen Nichtreligion Darwinismus verehrt (Erich Fromm).

Als in den 20-er Jahren des letzten Jahrhunderts einer kam (Edwin Hubble) und bewies, dass sich das Universum noch immer ausdehnt und bald darauf von einem anderen (Georges Lemaitre) erstmals der Urknall als Ursache und Anfangspunkt unserer Existenz dingfest gemacht worden war, meinte die Menschheit wie schon so oft, das letzte Rätsel gelöst zu haben. Und obwohl Einstein längst bewiesen hatte, dass mit Erreichung der Lichtgeschwindigkeit die Zeit stehen bleibt und folglich alles gleichzeitig geschieht, fragte sich der schlichte Hausverstand noch immer, was vor dem Urknall gewesen sein mochte. Und ob ein Verursacher hinter dem Urknall stand, ist bis heute Gegenstand hitziger Diskussionen. Aus alter Tradition heraus zu sagen, Gott sei die Ursache aller Erscheinungen der sichtbaren und unsichtbaren Welt, das ist für die Wissenschaft eine viel zu einfache und daher unzulässige Erklärung. Anderseits, ein wissenschaftlich messbarer und wägbarer Gott - welch absonderliche Vorstellung! Für mich gibt es dazu seit Jahrzehnten nur eine brauchbare Antwort: Wie soll das menschliche Spatzenhirn, selber Teil der Schöpfung, dieselbe erklären? Als würde der tumbe Blinddarm über den Gesamtkörper referieren! Aber erst wenn dieses Gehirn Demut gelernt hat, kann es wahrscheinlich anerkennen, dass es Dinge gibt, die es niemals verstehen wird, weil es unfähig ist, aus der Polarität herauszusteigen. Demut ist wiederum nicht jedermanns Sache und schon gar nicht, wenn der an der Spitze einer weltlichen Hierarchie stehen will.

Daher kehre ich zurück zu jenem Punkt, an dem ich vermutete, dass die Liebe nicht der Polarität unterliegt. Wenn es diese Vorstellung im menschlichen Geist gibt - und es gibt sie praktisch bei allen Völkern dieser Erde, nämlich als Idealzustand der universalen Liebe -, dann muss es zwingend auch außerhalb des menschlichen Geistes etwas geben, ein Äquivalent zur menschlichen Vorstellung von göttlicher Liebe, die schwerlich einfach in den Synapsen des Denkapparates ohne äußeren Anlass entstanden sein kann, gewissermaßen als Laune eines hirnigen Zufalls. („Die Entstehung des Lebens auf der Erde mit dem Zufall zu erklären heißt, von der Explosion in einer Druckerei das Zustandekommen eines Lexikons zu erwarten." Edwin Conklin, amerikanischer Biologe) Denn alle Denkleistungen des menschlichen Gehirns sind ursprünglich eine Reaktion auf Herausforderungen von außen. Dazu gehört naturgemäß auch die ewige Frage nach Herkunft und Ziel des Menschen.

Hätte dieses unnennbare und für Menschen unbegreifliche Etwas, der Träger der universalen Liebe, eine Existenz - und sei es die Existenz der unendlichen Energiekonzentration im unendlich kleinen Raum -, dann wäre es Träger einer unendlichen Liebe ohne jeden Adressaten. Im uns unvorstellbaren vorkosmischen Raum- und Zeitgefüge müsste dieses Etwas dann in einer Ecke hocken, die es ohne Raum naturgemäß wiederum nicht geben kann, und selbstgenügsam darauf warten, dass etwas passiert. Weil aber keiner da ist, der etwas veranlassen könnte, passiert natürlich auch nichts. In alle Ewigkeit nichts! Und niemand ist da, der sich als Empfänger seiner universalen Liebe eignete oder anböte.

Im unendlich großen Nichts existiert ein unendlich kleines Etwas, das folglich so klein ist wie das Nichts, versteht und weiß sich als das All-eins-Sein und sehnt sich nach etwas anderem, dem es seine Liebe schenken kann. Die Sehnsucht, seine Liebe zu verströmen, ist der

Auslöser für etwas Neues, das mitten in die Ewigkeit platzt. Was weiß ich, vielleicht war es so etwas wie später die erste Zellteilung eines Einzellers, jedenfalls waren sie auf einmal zwei. Gespeist von der unendlichen Energie des unendlich kleinen Etwas explodiert diese mathematische Zweierreihe in unendlich kurzer Zeit und erzeugt eine beinahe unendliche Anzahl von Polaritäten. Der einsame Gott des unendlich kleinen Etwas hat ein zweites gefunden, dem er seine ganze Liebe schenken konnte. Darf man den modernen Wissenschaftern glauben, dann ist ihm das einfach passiert und es war natürlich ein Zufall. Darf man den Strenggläubigen und den Kreatonisten glauben, dann hat der Kerl das mit voller Absicht gemacht. Wenn das wahr ist, dann hat er in unendlich kurzer Zeit einen unendlich komplexen Plan in die Tat umgesetzt. Und sich von da an, also nach dem Urknall, nicht mehr in seine Schöpfung eingemischt, behaupten moderne Theologen.

Aber eines ist gewiss: sobald es mehr als eins gibt, gibt es auch zwei, den Gegensatz, gibt es die Polarität. Und als Folge der Polarität gibt es zwingend das andere Zweite, das wir vielleicht nicht so sehr mögen, es gibt das Böse. Eva hat das sofort kapiert, nachdem sie in den Apfel gebissen hatte, sie bedeckte ihre Blößen. Sie konnte natürlich nur deshalb so genau wissen, dass das Böse in ihrer Nacktheit lag, weil ihr nachträglich bescheinigt wurde, dass alles Böse von der Frau kam. Adam hat etwas länger gebraucht - wie halt immer - er versuchte sich zuerst auf Eva auszureden.

Also: Wenn Gott gut ist, dann ist auch das Böse gut, denn es kommt ja von ihm! Und deshalb schickt Jupiter das Böse nur mit Gutem vermischt! Gut dass wir heute nicht mehr an altrömische Götter glauben müssen, aber das Problem bleibt! Deshalb ist der Mensch, selber in der Polarität gefangen, immer auf der Suche nach seinem Gegenstück, eine direkte Folge des Urknalls. Und Gott seinerseits hat ein Gegenstück gefunden, das ihn wohl doch überraschte. Wie sagt doch der weise Laotse: Wer da sagt hoch, sagt zugleich niedrig!

7. Werte als Wegweiser (1988)

(Auszug aus Egoismus – Spiegel der Liebe)

Werte sind aus der Mode gekommen. Man wertet heute nicht mehr - und versucht sich damit weiser zu geben als man ist. Doch wie Lernen ist auch Werten im Leben nicht verzichtbar.

Wir alle kennen Menschen, denen die schönsten Worte zu Gebote stehen, die in ihrem tatsächlichen Verhalten jedoch sehr oft das genaue Gegenteil ihrer Worte zu leben scheinen. (Das muss auch Laotse aufgefallen sein: Wahre Worte sind nicht schön und schöne Worte sind nicht wahr!) Man denkt fast automatisch an sie, wenn man das Bibelzitat von den Früchten hört, an denen man sie erkennen wird. Dieser Satz hat aber eine noch viel weiter reichende Bedeutung.

Geradezu grotesk wird die bedingungslose Wirtschaftskonkurrenz, die im Egoismus den einzig sinnvollen Lebensauftrag erkennen kann, dann, wenn sie innerhalb gleichartiger Einrichtungen zum Schaden des Ganzen praktiziert wird. Ganz offenbar fügen wir uns nämlich diesen gemeinschaftlichen Schaden ohne Rücksicht auf Dritte selber zu. Ein Beispiel aus dem Bereich unseres von Jahr zu Jahr sich verkomplizierenden Gesundheitswesens mag den System gewordenen Schwachsinn illustrieren.

Ein kleiner und noch junger Wohlfahrtsträger auf Vereinsbasis trug sich vor Jahren mit dem Gedanken, die Hauskrankenpflege zu forcieren, um damit sowohl eine alternative Behandlungsform anzubieten als auch den Beweis anzutreten, dass auf diesem Wege erhebliche Mittel aus der öffentlichen Krankenversicherung einzusparen wären. Zur großen Überraschung der noch unerfahrenen, jungen Leute zeigte sich die Krankenkasse jedoch völlig desinteressiert. Erst später wurde klar, warum sie keinen Beitrag zum Aufbau dieser Sozialstation leisten wollte: für die Krankenkasse hätte diese Vorgangsweise keine Verbilligung sondern nur eine Verteuerung gebracht.

Der Grund dafür ist betriebswirtschaftlicher Natur. Eine Krankenanstalt arbeitet mit einem sehr großen Fixkostenanteil. Der hohe

Technisierungsstandard, die Untersuchungsgeräte, kostbare medizinische Präparate und vor allem das besonders kostenintensive Personal sind immer gleich teuer, egal ob nun ein Krankenbett belegt ist oder nicht. Im Falle eines leeren Bettes fällt nicht nur eine bedeutungslose Menge an Essen weg sondern auch der von der Krankenkasse geleistete und gar nicht bedeutungslose Tagsatz. Wenn aber ein leeres Bett bei fast gleich bleibenden Gesamtkosten einen erheblichen Ausfall an Einnahmen mit sich bringt, dann ist es nur wahrscheinlich, dass die Krankenanstalt auf volle Belegzahlen Wert legen wird. In jedem Falle führte der gute Wille der kleinen Sozialstation für die Krankenkasse nicht zu einer Verringerung sondern vielmehr zu einer Steigerung der Patientenzahlen durch die zusätzlichen Heimpflegefälle.

Der materialistische Gruppenegoismus der Krankenanstalt, die in diesem System wohlgemerkt gar nicht anders kann, verstößt also aus betriebswirtschaftlichem Interesse gegen das volkswirtschaftliche Gesamtinteresse billigerer Alternativen. Hand in Hand mit der zunehmenden medizinischen Differenzierung, die laufend Neueröffnungen spezialisierter Stationen erforderlich macht, ergibt das die im Gesundheitswesen so gerne zitierte Kostenexplosion. Man müsste wahrlich in zweihundert Jahren nochmals aufstehen können um zu sehen, was der moderne Mensch aus seinem Reichtum gemacht hat.

Spricht man einen der Verantwortlichen auf den eben beschriebenen Widersinn an, erhält man von ehrlichen Zeitgenossen ein Schulterzucken und das Bekenntnis der eigenen Hilflosigkeit, eingekeilt in das System des Weisungszwanges und der Gehorsamspflicht. Andere wiederum sehen darin einen Angriff auf ihren Lebenssinn und reagieren mit Zorn und Empörung, als wollte man ihnen den Teppich unter den Füßen hinausziehen, mit dem sie sich so heftig identifizieren.

Je genauer und differenzierter man sich mit dem ganzen System der auf Kosten der Allgemeinheit konkurrierenden Elefanten aus der Nähe beschäftigt, umso leichter kommt man zur Anschauung, dass das alles so sein muss. Wie in der Astronomie bläht sich das bestehende Zivilisationssystem gleich dem roten Riesen auf, ehe es in sich zusammenfällt und zum weißen Zwerg wird. In diesem gigantischen Kollaps, der für gewöhnlich mit Krieg einhergeht, gibt es keine Werte mehr, alles ist dem Zufall und dem Chaos überlassen. Wieder einmal hat die Menschheit aus vergangenen Fehlern nicht gelernt.

Was aber hätte die Menschheit zu lernen gehabt? Worin bestanden ihre wiederholten Fehler? Bei sorgfältiger Betrachtung erinnern die Verhaltensweisen der meisten Menschen leider ein bisschen zu sehr an jene seiner tierischen Vorfahren: den Affen beeindruckt nur das, was er sehen oder angreifen, essen oder benutzen kann; am schönsten ist es, wenn es auch noch Lärm macht, es lässt sich dann nämlich als Mittel zu Macht und Politik verwenden. Aber nur in äußerst begrenztem Ausmaß ist der Affe zu zielgerichtetem Handeln in der Lage, er kann seine Handlungen nicht vorausplanen - dies ist das Privileg und die Last des Menschen kraft seines abstrakten Verstandes. Und schon gar nicht ist er fähig, die Wahrheit hinter den sichtbaren Dingen zu erfassen. Der Mensch aber, wenn er sich die Mühe macht, lernend zu differenzieren zwischen fertigen Tatsachen und jenen Faktoren, die zu diesen Tatsachen geführt haben, wird zwingend mit der Frage konfrontiert, warum er dieses oder jenes in die Tat umgesetzt hat. Und er wird denkend darauf stoßen, dass er damit eine bestimmte Werthaltung verwirklichen wollte, sei es nun die Erfüllung eines eigenen Wunsches oder die Vollziehung einer guten Tat. (Dass der weitaus größte Teil ihrer Motivationen den meisten Menschen unbewusst bleibt, hat uns die Tiefenpsychologie allerdings mittlerweile auch bewiesen und darin gerade liegt ja das Problem!)

Die meisten Menschen kennen die Tatsachen recht genau und wissen in der Regel auch, dass hier etwas nicht stimmt auf unserer guten Mutter Erde. Nicht selten wissen sie auch, was geändert werden sollte, damit unser Leben besser verläuft, ja sie beschäftigen sich die meiste Zeit damit darüber nachzudenken, wie man das Glück besser einfangen könnte. Sie wissen aber meist nicht, dass es nur an ihrem Handeln liegt, ob sich die Tatsachen in ihrem Sinne ändern oder nicht. Denn sie kennen den Unterschied zwischen „Sein" und „Sollen" nicht und die gewaltigen Konsequenzen, die sich daraus ergeben. Was aber hat es mit diesem Unterschied auf sich? Nehmen wir ein ganz simples Beispiel!

Ein Autofahrer gerät mit der Antriebsachse auf nicht tragfähigen Untergrund und hängt fest. Er hat nun mehrere Möglichkeiten, seinen Wagen wieder flott zu kriegen:

- Er fällt auf sein Angesicht nieder und betet um die Hilfe aller Götter
- Er besinnt sich seiner Fähigkeiten im Tischchenrücken oder versucht es mit Handauflegung
- Er unterlegt die Räder mit Reisig, Brettern oder Sand, holt schließlich bei Erfolglosigkeit eine Zugmaschine.

Unser Schmunzeln bei diesem technischen Beispiel ist verständlich. Der ganze Bereich der Technik ist ausschließlich vom Verstand dominiert und es ist keine Frage, dass wir der technischen Lösung den Vorzug geben vor dem Glauben oder irgendwelchen okkulten Phänomenen. Die Naturwissenschaften - und damit auch die Technik - sind bei uns eben vor allen anderen Disziplinen hoch entwickelt, wohl weil sie in relativ einfache Gesetze zu kleiden sind.

Ganz anders bei den Sozialwissenschaften. Das einfache Denken in den Kategorien von Ursache und Wirkung wie in der Technik hat sich hier als völlig unzureichend herausgestellt. Es gibt im ganzen Sozialbereich weit mehr offene als beantwortbare Fragen, weil die Menschheit bis jetzt kein Muster gefunden hat, mit dem sich solch komplexe Zusammenhänge ausreichend klar darstellen ließen.

So logisch und präzise der oben geschilderte Sachverhalt vom Autosumpf zu beantworten ist, so vage wird die Antwort ausfallen müssen, wenn wir einen ganz einfachen Fall aus dem täglichen Leben schildern. Und sage niemand, dass es da kein Gesundbeten und kein Handauflegen gäbe! (Ich weiß aus absolut zuverlässiger Quelle, dass Stanniolpapier hilfreich ist gegen Warzen.)

Dieser Text unterscheidet scharf zwischen Dingen, die wir als gesichert annehmen dürfen und solchen, die sich dem Zugriff unserer Sinne und unserer Logik entziehen. Doch ist der Mensch sicher auch das einzige Lebewesen, das aus dem rein Sinnlichen, also Sehen, Hören, Riechen, Schmecken und Empfinden, in diesem Maße abstrakte Begriffe und darüber hinaus Gesetzmäßigkeiten abzuleiten vermag. So ist es ihm auch gelungen, die haarfeine Differenzierung zwischen Sein und Sollen als menschliche Realität zu erfassen.

Schon bei Aristoteles tauchte das Problem auf, doch erst David Hume, der große englische Philosoph, wies mit Nachdruck darauf hin, dass es offensichtlich zwei Arten von geschriebenen oder gesprochenen Sätzen gebe. Nach seinen Beobachtungen demonstrierten viele Abhandlungen sachlich und klar Zusammenhänge, indem sie Tatsachen feststellten, also einen IST-Zustand ausdrückten. Plötzlich aber schwenkten sie dann in ihrer Argumentation um und benützten, vor allem wenn es um Vorschläge ginge, mit Vorliebe die Worte SOLL oder SOLLTE. Zwischen Sätzen mit einem IST und Sätzen mit einem SOLL bestünde jedoch inhaltlich ein gewaltiger Unterschied.

Zur Illustration das nachfolgende Beispiel, aus dem dieser Unterschied hervorgeht:

1. Das Gras ist grün.
2. Es sollte morgen nicht regnen.

Der erste Satz ist die Feststellung einer Tatsache, die jederzeit beweisbar ist und von jedermann nachgeprüft werden kann. Das Gras ist auch dann grün, wenn keine Person da ist, um die Tatsache zu konstatieren, dass das Gras grün ist. Tatsachen sind also von Personen unabhängig, wir sagen sie sind objektiv. (Dass unter Umständen jeder Mensch einen eigenen Eindruck von Grün hat, muss hier vernachlässigt werden!)

Der zweite Satz hingegen kann ein Wunsch oder eine Wetterprognose sein. Jedoch können die Wünsche der Urlauber, was das Wetter betrifft, gewaltig von denen der Landwirte abweichen. Wünsche sind also aus der Natur nicht beweisbar, sie bedürfen zwingend einer Person, die sie hat: ohne Person auch kein Wunsch! Daher sagen wir, Wünsche sind subjektiv. Den Wünschen aber sind Ansichten, Meinungen, Geschmack, Behauptungen, Urteile u.ä. gleichzusetzen, kurzum alles, was als Tatsache gerade nicht beweisbar ist. Dazu zählen auch Tatsachen, die aus einem bestimmten Grund noch nicht zu beweisen sind. Man erinnere sich an den jahrelangen Streit zwischen römischer Kirche und heraufdämmernder Naturwissenschaft: erst mit der ersten Weltumsegelung durch Magalhaes war der Beweis (auch für Nichtastronomen) erbracht, dass die Erde eine Kugel ist und keine Scheibe.

Der Oberbegriff für alle nicht beweisbaren Inhalte - so wie sie hier dargestellt wurden - heißt Wertung oder Bewertung. Die Wertung ist immer einer Person oder einem wertbildenden Kollektiv exklusiv zuzuordnen. Also:

IST = Tatsache = beweisbar = objektiv wahr oder nicht wahr
SOLL = Wertung = bedarf des Willens einer Person = nicht beweisbar = subjektiv gültig bzw. nicht gültig nur für diese Person.

Warum ist diese Unterscheidung so wichtig? Ganz einfach, weil man um Tatsachen kaum zu streiten braucht. Man prüft sie nach und befindet sie als wahr oder unwahr und damit ist der Fall erledigt. Natürlich ist der Zugriff zum Beweis nicht immer so leicht möglich wie hier geschildert, das zeigt uns mancher Gelehrtenstreit! Wertungen hingegen sind niemals wahr oder richtig, sie sind vielmehr exklusiv gültig nur für jene Einzelperson, die sie vorgenommen hat.

Der Begriff der Wertung ist inhaltlich um vieles umfangreicher als der der Tatsache. Während die Wertung Vergangenes, Gegenwärtiges, Zukünftiges, aber auch völlig Unzeitliches umfassen kann, wie die äußerst wichtigen Begriffe von Gut und Böse, sind bei den Tatsachen nur zwei Varianten möglich: ein beweisbares SEIN oder eine beweisbare Geschichte. Die Wertung ist das Diskutable - die Tatsache aber das Unumgängliche.

Wir bezeichnen daher gesprochene oder geschriebene Sätze, die eine Wertung beinhalten als Wertsätze, solche mit Tatsachen aber als Aussagesätze. Und es ist keineswegs leicht, diese beiden Kategorien immer auseinander zu halten. So ist etwa die Feststellung: „Der Wein ist gut" natürlich eine Wertung, obwohl er im Kleide eines

47

Aussagesatzes auftritt. Letztlich ist daher immer zu prüfen, ob einem Wort beweisbare Tatsachen zugrunde liegen oder nicht.

Für unseren Zweck hier mag genügen, dass Tatsachen - also Sachen, die getan worden sind oder einfach existieren - unabhängig von jedem Betrachter existieren; sie werden im gesprochenen Satz mit „IST" ausgedrückt. Hingegen kleben jeder Wunsch, jede Hoffnung oder Erwartung, jedes Urteil und jede Entscheidung, kurzum jede Wertung an der Person, die sie ausdrückt; sie sind subjektiv und ihre verbale Ausdrucksform lautet üblicherweise „SOLL". Für unser Thema ist diese nur scheinbar theoretische Erörterung von höchster Bedeutung, weil das mangelnde Gleichgewicht von subjektiv und objektiv in einer Persönlichkeit gleichbedeutend ist mit Neurose, der sichtbare Ausdruck des oft so schmerzhaften Egoismus. Wer nämlich alles nur aus seiner subjektiven Perspektive zu betrachten beliebt, gleicht einem Frosch im Brunnen, der das kleine Stück Blau über sich zum Gesamthimmel erklärt (und je tiefer der Brunnen, desto eigensinniger der Frosch!).

Die Unterscheidung von IST und SOLL hat eine mächtige Konsequenz: mit Hilfe der Logik kann aus Tatsachen niemals auf die „richtige" Wertung gefolgert werden, da ja wie bereits beschrieben die Wertung des Willens einer Person bedarf, um für eben nur diese Person Gültigkeit zu erlangen. Tatsachen selbst können also nicht die einzig wahre Wertung erzeugen. Hierzu ein gängiges Beispiel:

Dass es in unserer Gesellschaft Kriminalität gibt, ist eine Tatsache. Was man aber dagegen tun SOLLTE, ist eine Wertung und kann daher nur von einer Person (oder in der Demokratie vom kollektiven Gesetzgeber) getragen sein. Ebenso wie man die Anordnung hoher Strafen zur Abschreckung vertreten kann, ist es logisch zu begründen, dass ein weicher Strafvollzug oder gar die Abschaffung aller Gefängnisse zu einem Rückgang der Kriminalität führen, da hiermit der Anhäufung von Hass und daraus resultierenden Racheakten der Boden entzogen wird. Beide Meinungen sind mit Hilfe der Logik gleichermaßen schlüssig und werden in der Realität auch ihre Beweise finden. Und so erweist sich die aus den Werten einer Gesellschaft entstandene Realität auch als Gradmesser ihres Entwicklungsstandes.

Zweierlei können wir aus diesen Erkenntnissen ableiten: zum ersten den Gedanken der Toleranz. Die Wertungen verschiedener Personen sind immer subjektiv und niemals kann eine andere Person beweisen, dass sie richtig oder falsch sind. Jemand anderem aber eine bestimmte Wertung aufzwingen zu wollen, heißt ihm seine subjektive Meinung zu nehmen und ihm dafür eine fremde - und ebenso subjektive - einzupflanzen. Und schließlich verstößt auch Manipulation gegen das Toleranzprinzip! Wir berühren also damit das Problem der individuellen Freiheit, aber auch das der Macht. Und dies ist nun der zweite Punkt: wenn jemand die Macht hat, seine subjektiven Wertungen in größerem Umfang auf andere Menschen auszuweiten, wird er damit zwangsläufig in anderen Menschen Kollisionen zwischen eigener und fremder Wertung auslösen. Je schärfer aber der Kontrast zwischen diesen Wertungen, desto eher ist mit dem Entstehen von Konflikten zu rechnen. Ob man diese Konflikte aber nun vermeiden sollte, ist bereits wieder eine Wertung, die aus den beschriebenen Tatsachen keineswegs zwingend abgeleitet werden kann. Ebenso gut kann man auf dem Standpunkt stehen, dass Konflikte notwendig sind, weil damit der Anstoß zu neuen Lösungen gegeben werden kann. Folgen wir also in Gelassenheit dem Volksmund, der in Anlehnung ans lateinische De Gustibus Non Disputandum sagt, dass Geschmack und Ohrfeigen verschieden sind.

Die scharfe Trennung von Tatsachen und Wertungen bedeutet nun aber nicht, dass man über Wertungen überhaupt nicht diskutieren könnte. Schließlich ist die Auseinandersetzung mit eigenen oder fremden Wertvorstellungen durchaus ein wesentlicher Anteil dessen, was zur inneren Bereicherung einer Persönlichkeit beiträgt, die Charakterbildung fördert. Darüber hinaus gibt es hier den allseits bekannten Kniff, der eigenen Wertung Überlegenheit zu sichern, indem man sie mit möglichst vielen Tatsachen abstützt. Damit aber wird die eigene Wertung plausibel gemacht und kann bei entsprechend guter Absicherung durch Tatsachen einen Grad an Wahrscheinlichkeit erlangen, der schon fast an Tatsachen heranreicht. Dies ist das Geheimnis der guten Argumentation ebenso wie der umsichtigen und erfahrungsreichen Vorausplanung.

Immer wieder hört man auch die Behauptung, jemand wolle absolut objektiv sein, wolle nicht werten. Vor allem die Wissenschaften erheben kontinuierlich den Anspruch, dass sie wertfrei arbeiteten. Nun mag dies für den Bereich der Erkenntnis, also jenen Teil der Wissenschaft, der sich zum Ziel gesetzt hat, Tatsachen zu beweisen und objektive Gegebenheiten zugänglich zu machen, durchaus zutreffen, doch ist die Absicht, nur nach diesen vorausberechenbaren Gesetzlichkeiten handeln zu wollen, bereits wieder eine subjektive Wertung, vielleicht sogar eine der umfassendsten. Dass eine solche Handlungsweise ein hoher Grad an Plausibilität auszeichnet, ist keine Frage und sie ist daher als eine höchst intelligente Form der Lebensbewältigung zu begrüßen. Nur darf sie nicht zu dem Irrglauben verführen, jemand könne wirklich absolut ohne Wertungen auskommen, da eben jeder Entschluss, sich in einer bestimmten Situation auf eine bestimmte Weise verhalten zu wollen, zwingend eine Wertung in sich trägt. Es gibt daher keine Möglichkeit, ohne Wertungen zu leben oder wertfrei zu entscheiden.

Mit einer Wertung wird ein bestimmter Wert zum Ausdruck gebracht. Egal wie weit dieser Wert in unserer Gesellschaft verbreitet sei und dessen Existenz eine Tatsache, wenn er zum Ausdruck gebracht wird, ist das eine subjektive Wertung. Dem Einsichtigen mag erkennbar werden, dass es sinnlos ist, über Werte und Wertungen zu streiten. Vielmehr wäre es auch ein Zeichen von Toleranz, den anderen in seiner Werthaltung zu akzeptieren, ja, wollte man Individualität als hohen Wert einschätzen, sich sogar über sein Andersdenken zu freuen, weil es ein Zeichen von Selbständigkeit wie Eigenentwicklung ist und obendrein zu meiner geistigen Bereicherung beiträgt. Doch nun zurück zu unserem Ausgangspunkt, den Werten!

Werte sind das Produkt menschheitsgeschichtlicher Erfahrung und einem ständigen Wandel unterworfen. Kein Mensch würde es heute noch wagen, das zehnte Gebot aus dem Dekalog in seiner ursprünglichen Fassung anzuwenden: „Du sollst nicht begehren die Frau deines Nächsten und auch nicht seinen Knecht, seine Magd, sein Rind, seinen Esel und nichts von dem, was deinem Nächsten gehört!" Heute ist die Frau nicht mehr Eigentum des Mannes (auch wenn sich manche Männer noch immer so gebärden!). Die Entwicklung der

Werte ist also geradezu gleichzusetzen mit der Entwicklung der Menschheit insgesamt. Trotz aller Einschränkungen zielt sie doch auf eine höhere Form von Menschlichkeit. Dieser Wandel des Ethos und die in der Entwicklung der Werte ausgedrückte, menschliche Erfahrung mag anhand des Tötungsverbotes illustriert werden.

Mit der zunehmenden Fähigkeit des Menschen, abstrakt zu denken und sich und seine Handlungsweise zu beobachten, zu erkennen, dass sein Leben einen Anfang und ein Ende hat, wurde ihm auch seine grundsätzliche Freiheit bewusst. Aus seiner Freiheit und vor allem unter dem Aspekt des Eigennutzes könnte die Forderung genauso gut gelautet haben: Du sollst töten! Allerdings ist dann logisch sehr schnell zu erkennen, dass damit auch das eigene Leben einem erhöhten Risiko ausgesetzt ist, womit der Egoismus seinen Vorteil verliert. Die Menschheit hat sich im Großen und Ganzen daher (wohl aus sinnvollem Eigennutz) zur gegenteiligen Formel entschlossen: Du sollst nicht töten! (Hemmungslos getötet hat der Mensch im Zuge der Besiedelung der Erde allerdings das tierische Leben bis zur Ausrottung vieler Arten. Erst die Bedrohung durch den eigenen Hungertod führte bei einigen Naturvölkern – z.B. den Indianern - zur weisen Einsicht, dass man Geld nicht essen kann, wenn das jagdbare Wild verschwunden ist.)

Eine ähnliche Entwicklung der wertenden Einstellung dürfte in Bezug auf das Vertrauen abgelaufen sein. Gerade die Urmenschen waren im besonderen aufeinander angewiesen und möglicherweise hätte sich das Menschengeschlecht gar nicht entwickeln können, wären die Beziehungen der Gruppenmitglieder untereinander von ausschließlich destruktivem Misstrauen getragen gewesen. Vermutlich hätten sie sich dann noch vor dem Einsetzen ihrer Höherentwicklung gegenseitig ausgerottet. Tatsächlich sprechen aber die prähistorischen Ausgrabungen ältesten Datums dafür, dass diese Menschen untereinander kaum Gewalttätigkeit geübt haben dürften, wie die Forschungen der Familie Leakey bewiesen haben. Ihre eigenen Werthaltungen bestimmen also das Leben der Völker!

Praktisch alle Werte können auf ihren Inhalt geprüft werden, wenn man danach fragt, welches menschliche Interesse geschützt werden soll, welchem Zweck also die Norm dient. In dieser Betrachtungs-weise allerdings kann man zu originellen Ergebnissen kommen. So etwa erweisen sich die zehn Gebote Gottes aus dem Alten Testament als sehr menschliche Gebote, mit Mühe und Not kann man interpretieren, dass die beiden ersten keine Sozialnorm darstellen. Aus der Perspektive des sozialen Schutzzweckes aber ergeben sich erstaunlich klare Einblicke in das Leben der damaligen Zeit; hier ein knapper Abriss:

1. Ich bin der Herr, Dein Gott! Du sollst keine anderen Götter neben mir haben! (Göttliches Gebot oder kultureller Führungsanspruch des erwählten Volkes durch die Erfindung des Monotheismus?)

2. Du sollst den Namen Gottes nicht unnütz aussprechen! (In der Interpretation: Du sollst nicht fluchen! eine geradezu psycho-hygienische Empfehlung, da der Zorn sehr wohl die Neigung hat, sich mit sich selbst zu steigern.)

3. Du sollst den Tag des Herrn heilig halten! (Was soll hier eingeschränkt werden, Arbeitswut oder Raffgier?)

4. Ehre deinen Vater und deine Mutter, damit du lange lebst! (Sonst gibst du deinen Kindern ein schlechtes Beispiel und wirst selber nicht lange leben, zumindest nicht über den Ablauf deiner Nützlichkeit hinaus!)

5. Du sollst nicht töten! (Damit du nicht getötet werdest!)

6. Du sollst nicht ehebrechen! (Denn daraus ergibt sich Mord und Totschlag. Das sechste ist also ein Anhängsel des fünften Gebotes und ein Zugeständnis an die Schwäche der Menschen mit ihren Besitzansprüchen. Dass das erwählte Volk später in sonderlicher Einäugigkeit nur noch den Ehebruch der Frau mit Steinigung bestraft, ist mir ausreichend Beweis für die Besitzvor-stellung der Männer!)

7. Du sollst nicht stehlen! (Noch eine Ergänzung zum Tötungs-verbot aus Besitzanspruch!)

8. Du sollst gegen deinen Nächsten kein falsches Zeugnis abgeben! (Auch dieses Gebot verweist auf die spiegelbildlich sich gegenüberstehenden Nächsten und versucht der Neigung zu blutiger Rache vorzubeugen.)

9. Du sollst nicht das Haus deines Nächsten begehren! (Im Vergleich zum oben bereits zitierten 10. Gebot ist auffallend, dass es damals weniger Häuser als Frauen gegeben haben muss, da letztere erst nachher Erwähnung finden.)

10. Siehe oben, Seite 51!

Alles in allem scheint Gott mit einem Wort zu sagen: Leute vertragt euch, damit ihr nicht selber die Opfer eurer eigenen, kollektiven Emotionalität werdet! Und später sagte Jesus auf der gleichen wertenden Grundlage: „Wer zum Schwert greift, kommt durch das Schwert um!"

Eines lässt sich aus dem Dekalog sicher auch herauslesen: Je klarer Werte ausgedrückt sind, je weniger sie durch Uminterpretation unterlaufen werden können, desto stabiler wird das Gemeinwesen leben, das sich an ihnen orientiert. Dazu gehört auch der Umstand, dass der gesamte Normenkomplex in sich einigermaßen widerspruchsfrei sein muss. Wir sprechen dann von einer Wertordnung, die in Gestalt einer Pyramide aufgebaut ist.

Bevor wir nun aber fortfahren, uns mit der Struktur der Werte und unserer Einstellung zu ihnen auseinanderzusetzen, muss noch einmal an die früheren Überlegungen angeknüpft werden: Tatsachen sind wie beschrieben aus der Natur erkennbar, wenn auch bei weitem nicht immer messbar, was man am grünen Gras oder am blauen Himmel leicht demonstrieren kann. Ebenso ist es im Prinzip mit geschichtlichen Tatsachen, deren Erkennbarkeit wiederholt unter einem erheblich erschwerten Zugang zum Beweis leiden mag. In diesem Fall leistet die menschliche Logik gute Dienste bei der Erstellung eines Mosaiks, das sich aus bewiesenen und vermuteten Tatsachen zusammensetzt und schließlich auch ein ganzheitliches Bild ergibt.

Wie aber sind Werte erkennbar, wie soll ihre Existenz bewiesen werden? Oder sollten sie am Ende Täuschungen sein, so wie manche frühere Philosophen unsere ganze Welt als Täuschung des Geistes vermuteten, die das ganze Leben damit als Traum ansahen? Könnte womöglich doch auf alle Werte verzichtet werden?

Das Tao Te King des Laotse, die zweieinhalb Jahrtausende alte Weisheitsschule aus China, gibt darauf eine mögliche Antwort:

Wer da sagt: Schön / schafft zugleich: Unschön.
Wer da sagt: Gut / schafft zugleich: Ungut.
Bestehen bedingt Nichtbestehen.
Verworren bedingt Einfach.
Hoch bedingt Nieder.
Laut bedingt Leise. usw.

Die Reihe dieser wertenden Begriffspaare lässt sich beliebig erweitern. Aber sind nicht etwa heiß und kalt Tatsachen, die in der Natur erkennbar, ja sogar messbar sind? Für sich betrachtet ist das richtig, doch liefert es nur einen ausgezeichneten Beweis dafür, dass der Mensch auf die Wertung nicht verzichten kann. Wasser von 30 Grad Celsius wird dem aus der kalten Winternacht Kommenden gewiss wärmer erscheinen als dem, der soeben aus seinem warmen Bett gekrochen ist. Die subjektive Wertung des einen lautet also Warm, die des anderen Kühl - zum selben objektiven Sachverhalt. Daraus können wir durchaus die Erkenntnis ableiten, dass der Mensch ohne subjektive Wertung keinen Bezug zu den Tatsachen herstellen kann und dass alle seine Wertungen daher relativ sind.

Auffällig an der Darstellung des Tao ist allerdings weniger die Relativität der Werte sondern vielmehr, dass krasse Gegensätze wie Gut und Böse geradezu ineinander verschmolzen werden. Nicht nur dass beide zum Leben gehören, es scheint fast, als verwische das Tao den Unterschied zwischen Schön und Hässlich, von Gut und Böse. Aber gerade aus dem gemeinsamen Gegensatz, der Paarung der ungleichen Werte kann auch mit menschlichen Begriffen ihre Erkennbarkeit abgeleitet werden. Denn schon allein gedanklich gäbe es keinen Nordpol, wenn nicht ein dazugehöriger Südpol existierte. Gerade aus ihrer Polarität sind also Werte dem menschlichen Geist zugänglich und aus den Ergebnissen kann auf die zugrunde liegenden Handlungen rückgeschlossen werden.

Das Tao bietet Lösungen an, die unseren heutigen Gepflogenheiten scharf widersprechen - etwa die Bedürfnislosigkeit - gleichzeitig aber lässt es mit der Unterwerfung unter die Natur und vielleicht auch mit der Anleitung zur Gelassenheit eine Parallele zu sich ankündigenden Entwicklungen in unserer Kultur erahnen, Überlegungen, die in einer künftigen Wertordnung gewichtigen Platz finden könnten.

Wenn man die Geschichte aus der Perspektive der Wertentwicklung betrachtet, dann war das finstere Mittelalter in einer Hinsicht in einer beneidenswert guten Lage: über die Ordnung der Werte brauchte sich niemand Gedanken zu machen. Die Sicherheit, dass Gott im Mittelpunkt der (christlichen) Welt und der Angelpunkt aller Werte war, übertrug sich als Zielsetzung auf alle Menschen. Mit dem Beginn der Neuzeit und dem Einsetzen der modernen Philosophie wurde dieses theokratische Weltbild immer fraglicher; mehr und mehr stellten die Philosophen den Menschen in den Mittelpunkt ihrer Überlegungen. Litt aber die Lehre des Mittelalters an dem Mangel der mit menschlichen Sinnen und menschlicher Logik nicht erfassbaren Existenz Gottes, so litt die neue Lehre an der offensichtlichen Mangelhaftigkeit des Menschen, den man sich letztlich nicht entschließen konnte, an die Spitze aller Werte zu stellen. So drehte sich nun zwar fortan alles Denken um die Existenz und die Bedingungen des Menschen, doch das Schiff der philosophisch wertenden Weiterentwicklung war gewissermaßen führerlos. Nicht nur in der Philosophie, auch im täglichen Leben spielt die Abwesenheit Gottes eine spürbare Rolle. Seit jeher war die Religion nicht allein Gottesdienst, sondern erfüllte die entscheidende Aufgabe eines Regulativs des sozialen Zusammenlebens, wie oben bereits gezeigt. Mit der Abwendung des modernen Menschen von der Religion und seit er den richtenden und strafenden Gott über Bord komplimentiert hat, wird er sich seiner Freiheit und seiner Eigenverantwortlichkeit (mit Schrecken?) bewusst. Nun, da es keine fixen Werte mehr gibt im Leben des Menschen, ist er ständig auf der Suche nach Auswegen. Dass der Wert einfach in der Existenz des Menschen läge oder dass hier überhaupt kein Sinn zu finden sei, darf man meiner Meinung nach durchaus als Versuche werten, mit menschlichem Geist *die* metaphysische Frage zu beantworten, von der wieder andere behaupten, dass sie nicht zu lösen sei.

Dieser letzteren Ansicht schloss sich auch die Wiener Schule der Reinen Rechtslehre an. Ihr folgend wird die Ableitung einer Grundnorm oder eines Grundwertes aus der Natur, aus Philosophie oder Theologie für unmöglich gehalten, der Grundwert muss vielmehr freiwillig aus eigener Verantwortung angenommen werden. Nichts desto weniger hat sich im Zuge der Menschheitsentwicklung ein Stock von Werten herausgebildet, der sich mit Einschränkungen über Jahrtausende und viele Stürme hinweg als haltbar erwiesen hat. Zwar wurde die Norm „Du sollst nicht töten" um vieler minderwertiger Prinzipien willen wiederholt durchbrochen, doch findet sie sich als Eckstein in praktisch allen Wertordnungen dieser Erde. Ebenso stark verankert und ebenso häufig relativiert wurde wohl auch das Gebot „Du sollst nicht lügen". Trotzdem war der Einfluss dieser beiden wichtigen Werte stark genug, um der Menschheit eine Weiterentwicklung noch vor ihrem Aussterben zu ermöglichen. Vielleicht wäre sonst die Menschheit frühzeitig aus Mangel an Vertrauen und Zusammenarbeit am Ende ihrer Entwicklung angelangt. Mit einem Wort, es gibt Indizien dafür, dass sich einzelne wichtige Werte beschränkt aus der Zugehörigkeit des Menschen zum gesamten Evolutionsprozess ableiten lassen. Somit haben wir die Gewähr, dass unser Grundwert - wie immer wir ihn annehmen und solange er auf dem Boden historischer Gewachsenheit steht - nicht gänzlich aus der Luft gegriffen erscheint.

Der hier mehrfach verwendete Begriff des Grundwertes (oder der Grundnorm) bedarf dringend einer näheren Erläuterung, die uns aber ohne Umschweife ins Zentrum unserer Überlegungen führt. Wir versuchen uns ganz hypothetisch alle Werte unseres Lebens in einem Dreieck mit der Spitze nach oben versammelt vorzustellen. Die Spitze dieses Dreiecks bildet der Grundwert, von dem alle anderen Werte unmittelbar oder mittelbar abgeleitet werden. Unmittelbar abgeleitet werden vom Grundwert die tragenden Prinzipien unseres Wertgebäudes, von diesen wiederum Zwischenwerte, die weiter aufgeteilt schließlich zu den letzten Einzelwerten führen. Damit ist in theoretischer Form unsere ganze Wertordnung dargestellt. Der Sinn der Pyramidenform ist ganz einfach darin zu sehen, dass Werte, die in der Pyramide höher stehen, den Einzelwerten vorgehen, sofern eine Wertkollision eingetreten ist. Und außerdem werden Werte in diesem Dreieck von oben nach unten immer konkreter und präziser.

Dieses Modell, das einer Verfassungsgesetzgebung (dem so genannten Stufenbau der Rechtsordnung) nachgebildet ist, hört sich in der Theorie einfach und klar an, doch bemerkt man spätestens beim Versuch, es mit Inhalten zu füllen, in welch schwieriges Unterfangen

man sich eingelassen hat. (Man hat sich auf sich selbst eingelassen und erkennt schlagartig seine eigene Widersprüchlichkeit und Unbewusstheit!)

Wenn sich ein Mensch ändert, dann heißt das in dieser Darstellung, dass es zu einer Rochade in vertikaler Richtung gekommen ist, dass also ein neuer Wert in der Hierarchie auf- und ein anderer dafür abgestiegen ist. Seine Meinung zu ändern heißt also immer auch, bewusst oder unbewusst seine Wertordnung zu wandeln. So ist etwa in den letzten vier Jahrzehnten der Begriff der Ökologie in der kollektiven Wertordnung zu einem tragenden Prinzip aufgestiegen, ohne allerdings die Ökonomie mit ihren Paladinen Macht und Geld aus der Position des Grundwertes verdrängen zu können.

So einfach dieses Pyramidenmodell auf den ersten Blick wirkt, so schwierig gestaltet sich wie schon gesagt seine Ausfüllung mit echten Inhalten und so problematisch ist der Umgang mit Werten, die sich einander widersprechend auf der selben Ebene befinden. Gerade bei solchen Wertkollisionen sind wir immer wieder auf Umkehr angewiesen, zur Rückbesinnung auf unsere Grundeinstellung. Aber vielleicht ist das gut so! Die Unüberschaubarkeit unserer Werte zwingt uns zu ständig neuer Auseinandersetzung mit ihnen. Jeder von uns wird bekennen müssen, dass er einzelne Lebensbereiche besser durchdacht und geordnet hat als andere. Am ehesten wird dies in gut abgegrenzten Bereichen gelingen, wie im Beruf, in dem man bestimmte Aufgaben zu erfüllen hat und dabei bestimmte Werte in die Tat umsetzt. Darüber hinaus vermute ich in der beständigen Überprüfung seiner Wertordnung einen Weg der psychotherapeutischen Selbstfindung von besonderem Rang. Wir werden später noch sehen, dass unsere frühkindliche Prägung letztlich nichts anderes bedeutet als die Übernahme von Werthaltungen unserer primären Bezugspersonen (Eltern).

Es leuchtet nun ohne weitere Beweisführung ein, dass im Ergebnis einer Beurteilung oder Handlung ein Riesenunterschied bestehen wird, ob dieser Grundwert Macht, Geld oder etwa Menschlichkeit lautet. Oder anders ausgedrückt wird nun leicht erkennbar, warum man einen Menschen an seinen Früchten erkennt: nicht die Schönheit seiner Worte sondern nur seine bewusste oder unbewusste Grundeinstellung und die daraus resultierenden Handlungen sind Maßstab für den ganzen Menschen.

Wenn ich die Grundeinstellung eines Menschen als angenommenen Grundwert bezeichne, dann drücke ich damit aus, dass er die Freiheit zu jeder beliebigen Grundeinstellung hat, kann aber nicht umhin, den Naturrechtslehrern Tribut zu zollen und festzustellen, dass eine Wertpyramide, die gegen die Natur des Menschen verstößt, ihre negativen Auswirkungen in jedem Falle haben wird. So weit die Grenzen der Freiheit auch gezogen werden sollen, sie enden dort, wo sich der Mensch seiner irdischen Natur zu unterwerfen hat. Wie ich später noch zeigen werde, ist der Mensch weder völlig frei noch völlig unfrei in seinem Handeln und macht gerade dies den Reiz seiner Selbstbestimmungsfähigkeit und sein Entwicklungspotential aus. Ich übernehme daher von der Schule der Reinen Wiener Rechtslehre den pyramidenförmigen Aufbau der Wertordnung, von der Naturrechtslehre aber modifiziert meinen persönlichen Grundwert.

In einer pluralistischen Gesellschaft gibt es zwangsläufig eine Vielzahl von Wertordnungen nebeneinander. Was dem einen seine Politik ist dem anderen seine religiöse Moral und was dem einen seine Geldgier ist dem anderen seine Streitlust. In den allermeisten Fällen aber haben diese Wertordnungen eins gemeinsam: ihre Motivationen, also die gefühlsmäßigen Steuerelemente, werden ihren Trägern nicht nur nicht bewusst, sie werden vielmehr für Wahrheit gehalten! Nach dem Wegfall der tierischen Instinkte hätte beim Menschen eigentlich der Verstand das Kommando übernehmen sollen, in Wirklichkeit aber wurde er mehrheitlich nur zum Ausführungsinstrument unbewusster Gefühle. Am ehesten bekenne ich mich daher aus historischer Sicht noch zur frühchristlichen „Sekte" der Gnostiker, die in der eigenen Erkenntnis, in ihrer subjektiven Wahrheit den einzigen Weg zur Liebe Gottes zu erkennen glaubten. Für sie hatte nur Gültigkeit, was sie selbst als Wahrheit erkannt hatten, und nur ihr unterwarfen sie sich bedingungslos. Sie gerieten damit natürlich in Widerspruch zur hierarchisch organisierten, orthodoxen Lehre, die als römische Amtskirche den Anspruch erhob, die Worte Gottes authentisch zu interpretieren und den Gehorsam der gläubigen Mitläufer zu fordern. Wie meist im Leben siegte nach außen hin die äußerlich wirksame Optik und ging die Gnosis als Lehre unter. Bemerkenswerterweise ist es nach den mittelalterlichen Mystikern erst wieder den Psychotherapeuten des letzten Jahrhunderts gelungen, an diese altchristliche Tradition anzuschließen. Ihre Lehre heißt schlicht Erkenntnis von Selbst und Realität, also eigene Wertordnung. Einen anderen Weg zur seelischen Gesundheit und Ganzheitlichkeit gibt es auch nach meinem Dafürhalten nicht.

Aus der Ähnlichkeit der Grundeinstellungen erwachsen unsere Gefühle von Sympathie oder Antipathie. Verwirklicht ein Mensch in seiner Haltung Werte, die unseren eigenen nahe stehen, dann werden wir ihn mit einiger Wahrscheinlichkeit sympathisch finden, ohne dass wir uns des wertenden Charakters unserer Einstellung bewusst werden. Eben darin liegt jedoch auch die Gefahr, dass wir unbewusst Menschen nicht akzeptieren oder gar ablehnen, die unsere Einstellungen nicht teilen. Aber ist das auch wahr? Schauen wir uns die Sache einmal von der anderen Seite her an! Ein Mensch hat eine

Handlung gesetzt, die wir als höchst konsequent erkennen. Wie urteilen wir über ihn? Im Falle unserer Sympathie werden wir ihm Rückgrat bescheinigen und unseren Respekt auf seinem Altar darbringen, im gegenteiligen Falle nennen wir ihn einen sturen Hund. Jenen anderen aber, der sich gekonnt durchs Leben mogelt, heißen wir gern flexibel - sofern wir ihn schätzen, ansonsten aber ist er in höchster Gefahr, als Mann mit dem Gummirückgrat abqualifiziert zu werden. Was also ist nun Wahrheit?

Es ist sichtbar ein Netzwerk unterschwelliger Gefühle, das unsere Beziehungen zu anderen Menschen bestimmt. Denn gerade diese unbewussten Gefühle (in der Regel die Inhalte unserer frühkindlichen Prägung) bestimmen unser gesamtes Handeln. Eine bewusste Wertordnung zu haben, ist somit also gleichbedeutend mit der Forderung, seine unbewussten Gefühle bewusst gemacht zu haben. Denn alle Werte sind nur hohle Worte, solange sie nicht gelebt und in ihren Konsequenzen durchlitten worden sind.

Ich kenne kaum eine Handvoll Menschen, denen ich zubillige, über eine bewusste und gezielte Wertordnung zu verfügen. Die weitaus überwiegende Mehrzahl meiner Bekannten hält sich zwar für ausgeprägt individualistisch, bei genauerer Beobachtung bekommt man allerdings eher alltägliche Binsenweisheiten zu hören, wie sie in ihrer ganzen Widersprüchlichkeit in den Tageszeitungen stehen und aus den Fernsehapparaten tönen. Eigene Meinung steht heutzutage nur solange hoch im Kurs, wie sie der allgemeinen nicht widerspricht und Zivilcourage wird nur deshalb so hoch geschätzt, weil das ohnehin kaum jemand wagt. Darüber hinaus ist es gerade das Charakteristikum der unreifen Persönlichkeit, zwischen wichtig und unwichtig nicht willentlich unterscheiden zu können, sie bleibt immer Spielball der unbewussten Gefühle und einer scheinbar übermächtigen Umwelt.

Ich stehe auch nicht an, hier meine eigene Wertordnung kurz zu skizzieren. Ich stelle den Begriff LEBEN in abgestufter Wertigkeit als menschliches, tierisches und pflanzliches Leben an die Spitze (in Anlehnung an Baruch Spinoza: Alles was dem Leben dient ist gut) meiner Wertordnung und leite davon folgende tragenden Grundprinzipien ab: Deckung der Grundbedürfnisse (den körperlichen untergeordnet Geld und Wirtschaft!), Innere und Äußere Autonomie, Akzeptanz der Lebensumstände, Individualität und Gleichheit, Sachzuwendung und Liebesfähigkeit. Jedes einzelne von ihnen lässt sich wiederum als eigene Wertpyramide darstellen mit der Unterordnung von Zwischenwerten: wer Gleichheit vertritt muss zwangsläufig auch Partnerschaftlichkeit und Teamarbeit vertreten, um nicht widersprüchlich zu sein. Von diesen wiederum leiten sich die im täglichen Leben erforderlichen Werthaltungen ab, wohl wissend, dass eine vollzogene Wertung weder im vorhinein noch im nachhinein einer sicheren Beurteilung unterzogen werden kann. Ich habe nämlich nie zweimal im Leben die absolut selbe Situation für eine Entscheidung. Anders als wenn ich mich im Wald verlaufen habe, kann ich nicht den Weg zurückgehen und an der Gabelung eine neue Orientierung suchen, denn im Leben ist mittlerweile Zeit vergangen, diese Uhr kann ich nicht zurückdrehen. Die selbe Entscheidung zu einem anderen Zeitpunkt ist nicht die selbe Entscheidung. Und das führt mich nun zu esoterischem Gedankengut.

Für die Esoteriker sind Werte der Ausdruck von Polarität, die wiederum nichts anderes beinhaltet als die Denkstrukturen unseres Großhirns. Das hat bereits Laotse beschrieben mit seiner Formel: Wer da sagt schön, schafft zugleich unschön, wer da sagt gut, schafft zugleich ungut. Beide Pole stellen jedoch nur zwei Seiten ein und derselben Realität dar: Wie würde denn der Nordpol heißen, wenn es keinen Südpol gäbe? Und trotzdem gibt es nur eine Erdkugel! So meinen also die Esoteriker, dass es die Lebensaufgabe des Menschen sei, diese Polarität lernend zu überwinden und zu seiner ursprünglichen Einheit zurückzufinden, zur Ruhe in sich selbst. Es sei die Abgrenzung des Ich, das ein Du erzwinge und damit Entfremdung, zugleich Voraussetzung der Individualität wie auch Anfangspunkt zur Überwindung der Polarität. Wüchsen also Werte historisch im Pendeln zwischen den beiden Polen unserer Denkstrukturen, so seien sie doch nur zwei verschiedene Aspekte ein und derselben ganzheitlichen Wahrheit, die auf Wertungen nicht mehr angewiesen ist. (Diese letzte Forderung ist meinem Geist unzugänglich. So wichtig mir die Einheit und Ganzheitlichkeit des Menschen erscheint, so wenig glaube ich an die Möglichkeit, als Erwachsener ohne wertende Willenshaltung leben zu können, im Gegenteil: ohne Wertung leben zu wollen, ist die umfassendste Wertung überhaupt!)

Ganz klar zeigen die Esoteriker jedoch den Weg, der sich für die Überwindung der Polarität anbietet: Es ist der Weg der liebenden Annahme von Menschen, Tieren und Sachen, ja letztlich des ganzen Kosmos. Wenn das gelingt, ist alles gut so wie es ist und braucht daher auch nicht mehr wertend korrigiert zu werden. Damit diese Liebe zum ganzen Kosmos wachsen kann, braucht es aber eine aus den tiefsten Gefühlen des Menschen stammende Bewusstseinserweiterung, die keinen aufsteigenden Gedanken - und mag er noch so verwirrend scheinen - wertend zurückweist. Denn jeder Gedanke lässt sich meditativ in das dahinter stehende Ganze einordnen, wenn der Meditierende dabei nicht einer Täuschung unterliegt. (Der Buddhismus kennt nur noch drei Sünden: Gier, Hass und Täuschung, welch letztere von allen wohl am schwersten zu entlarven ist.)

Dass eine Voraussetzung, Ganzheit zu werden, darin besteht, nichts von sich abzuwehren, drückte Hermann Hesse so aus:

„Ich bin im ganzen gegen das Heroische, und so auch gegen die Stoa, eher misstrauisch, und so habe ich es in meinem eigenen Leben mit seltenen Ausnahmen gehalten, dass ich für den kürzesten Weg durch die Welt der Schmerzen den ansah, der mitten durch den Schmerz hindurchführt, das heißt ich übergab mich ihm und den höheren Gewalten, und überließ es ihnen, was daraus werden würde." Ich meine, dass Hesse insbesondere darin recht hat, dass der ausgleichende Gegenpol zum Egoismus - die Liebe - gerade Leid und negative Emotionen ertragen können muss. Und zur Annahme des ganzen Lebens gehört die selbe, akzeptierende Offenheit.

Auch der alttestamentarische Prophet Kohelet empfiehlt das Zulassen des Lebens als ganzes:

„Alles hat seine Stunde, und es gibt eine Zeit für jegliche Sache unter dem Himmel: Eine Zeit für die Geburt und eine Zeit für das Sterben, eine Zeit zu pflanzen und eine Zeit, das Gepflanzte auszureißen, eine Zeit zu töten und eine Zeit zu heilen, eine Zeit einzureißen und eine

Zeit aufzubauen, eine Zeit zu weinen und eine Zeit zu lachen, eine Zeit zu klagen und eine Zeit zu tanzen, eine Zeit, Steine wegzuwerfen und eine Zeit, Steine zu sammeln, eine Zeit zu umarmen und eine Zeit, sich der Umarmung zu enthalten, eine Zeit zu suchen und eine Zeit zu verlieren, eine Zeit aufzubewahren und eine Zeit fortzuwerfen, eine Zeit zu zerreißen und eine Zeit zu nähen, eine Zeit zu schweigen und eine Zeit zu reden, eine Zeit zu lieben und eine Zeit zu hassen, eine Zeit des Krieges und eine Zeit des Friedens."

In einfachster Schönheit ist allen Polaritäten des Lebens der ihnen zustehende Platz eingeräumt. Dabei ist nicht zu übersehen die nahe Verwandtschaft zur chinesischen Philosophie, die mit ihrer Vereinigung der Gegensätze Yin und Yang und mit der Forderung, sie beide zu verwirklichen, gerade auch diesen Gedanken hervorhebt, dass alles Leben ein pulsierendes System sei.

Unter diesen Aspekten ist das, was C. G. Jung Enantiodromie nennt, nämlich das überraschende Umschlagen der Werte in ihr Gegenteil, nun schon recht leicht zu begreifen und wird auch der Satz Mephistos im Faust verständlich: „Ich bin ein Teil von jener Kraft, die stets das Böse will und doch das Gute schafft." Um wie viel diabolischer ist da doch oft der Normalsterbliche mit seinem ungebrochen guten Willen, der in der schönen Regel Missverständnisse, Leid und Hader zustande bringt, obwohl er doch nur das Beste wollte. Für den Esoteriker ergäbe sich daraus kein Verständnisproblem: Wer bewusst das Gute nährt, nährt unbewusst das Böse mit! (Thorwald Dethlefsen). Denn wer sich nicht im Wege der Bewusstseinserweiterung den Forderungen des Lebens stellt, ihm nicht vor den eigensüchtigen Interessen den Vortritt lässt, den wird das Leben als einer der härtesten Lehrmeister irgendwann dazu bringen.

Egal wie weit man sich solchen Anschauungen nähern mag: eine Wertordnung, die sich bewähren soll, muss sichtlich ausgewogen und vor allem der Natur des Menschen angepasst sein. Sie muss den Charakter der Polarität und der Pulsation mit einschließen, will sie sich nicht selbst ad absurdum führen und schließlich trägt jede Entwicklung dieses Pendeln zwischen den Polen in sich. Das Dumme ist nur - man sieht es bei den anderen meist besser!

Innerhalb dieser Polarität hat der Egoismus seinen ihm zustehenden Stellenrang. Ihn einfach als Minderwert zu eliminieren, wäre ebenso zu einfach wie seine Erklärung zum unabänderlichen Naturtrieb. Seine Existenz und Berechtigung, aber auch seine abträglichen Wirkungen sollen uns im Folgenden beschäftigen.

Als Kind wertete ich nicht, ich nahm das Leben wie es kam und vielleicht werde ich als ganz Alter am Ende eines erfüllten Lebens nicht mehr werten müssen. Dazwischen aber liegt die Zeit des erwachsenen Handelns, wo ich mich dem Urteilen, dem Entscheiden und Werten nicht entziehen kann. Dass ich dabei immer dem Irrtum und auch der Schuld ausgesetzt bin, muss ich als Erwachsener zur Kenntnis nehmen. Ob ich aber konstruktiv an diesem Lebens- und Entwicklungsprozess des Lernens der Werte teilgenommen habe, wird man an meinen Früchten erkennen, an den Spuren, die ich in diesem Leben hinterlasse.

Wenn man den Menschen tatsächlich an seinen Früchten erkennt, dann kann das nur bedeuten, dass diese Früchte das Ergebnis seiner Grundeinstellung und seiner übrigen Werthaltungen sind. Mit Hilfe der vielfältigen wissenschaftlichen Disziplinen (wobei ich mich keiner der gängigen Schulen zuordnen lassen möchte, da ich glaube, dass alle ihre Meriten haben) will ich den Kern dieser Arbeit einzukreisen versuchen: wie muss eine Wertordnung beschaffen sein, die ein Mehr an Chancen und Entwicklungsmöglichkeiten für den Einzelnen und die Gemeinschaft bietet? Jeder Denkansatz soll mir dabei eine Hilfe sein, die Natur des Menschen zu erkennen, seinen Weg zur humanen Geistigkeit zu erahnen und die notwendigen Rahmenbedingungen wertend zu erfassen: Psychologie und Philosophie ebenso wie Geschichte, Verhaltensforschung oder Esoterik. Denn nur eine Wertung, die von möglichst vielen Tatsachen abgesichert ist, wird hohe Plausibilität erlangen.

Der Schwierigkeit dieser ganzen Gedankengänge Rechnung tragend versuche ich eine knappe Zusammenfassung:

Tatsachen sind vom Menschen unabhängig in ihrer Existenz, sie sind objektiv und werden im IST ausgedrückt.

Wertungen hingegen kleben an der Person, die sie ausdrückt und haben nur für sie Gültigkeit, sie sind subjektiv und werden im SOLL ausgedrückt. Durch die Abstützung mit Tatsachen können sie plausibel gemacht werden.

Die Verwechslung von IST und SOLL ist die Wurzel der Täuschung, die ihrerseits wiederum Enttäuschung im Gefolge hat. Das ist das zentrale Problem jedes Egoisten, der von seiner Ichbezogenheit und Subjektivität noch nicht geläutert ist, und zugleich der Weg, diese Läuterung zu finden. Erst wer alle Tatsachen so nimmt wie sie sind, wird seelisch und geistig leidfrei.

Der materiale Gehalt (die Substanz) einer Wertung ist ein Wert. Werte verändern sich mit der Entwicklung der Menschheit allgemein aber auch mit der eines einzelnen Menschen. Sie bestimmen das Handeln sowohl eines Menschen als auch von Kollektiven und aus dem Ergebnis des Handelns kann auf den vollzogenen Wert (oder Unwert) zurück geschlossen werden. Ist also das Ergebnis negativ, dann war auch der zugrunde liegende Wert negativ mit der Einschrän-kung, dass psychische Störungen die Umsetzung eines positiven Wertes vereiteln und ein negatives Ergebnis produzieren können.

Die Denkstruktur des Menschen ist in der Polarität aufgebaut und pendelt ständig zwischen den zwei Kehrseiten der selben Medaille. In der Regel wird das Pendel zwischen Verstand und Gefühl schwingen. In der Harmonie zwischen den beiden Gegensätzen liegt die Geistigkeit des Menschen aber auch seine Außenwirksamkeit, wenn seine Energien nicht mehr im inneren Gegensatz vergeudet werden. Machtbedürfnis in Verbindung mit bewusst bejahter Macht ergibt in der Grundeinstellung den Machtmenschen, der wiederum an seinen Früchten erkennbar wird, ein Beispiel der Harmonisierung von Denken und Fühlen mit einem meiner Meinung nach nicht immer wünschenswerten Ergebnis. Wenn hingegen Denken und Fühlen gleichermaßen die Liebe bejahen, wird ein Mehr an sozialer Harmo-nie die Frucht dieser Grundeinstellung sein.

Gleichheit ist damit ein entscheidender Teil des Menschseins; dass sie nur in Liebe erfühlt werden kann und wie sie an einseitigem

Egoismus zerbricht, soll im weiteren aus möglichst vielen Perspektiven beleuchtet werden.

8. Mir graut vor dieser Welt   (2018)

Katastrophen, Hunger, Krieg? Warum lässt Gott das zu?

Diese embryonale Frage ist für viele Menschen die Rechtfertigung dafür, sich von der Kirche oder gar vom Glauben abzuwenden. Egal ob man nun Kirche und Glauben von einander differenziert, lässt allein die Fragestellung das große Grauen der Menschen und die tiefe Verzweiflung erahnen. Was sind aber nun die Auslöser des Grauens?

Tod?

Unser Leben ist nicht unendlich und wer das nicht akzeptieren kann, für den bedeutet der Tod das absolute Grauen wegen unseres Nicht-wissens, was danach kommt. Die Religionen versuchen seit jeher darauf eine Antwort zu geben. Religion aber liegt für den modernen Menschen nicht im „Trend". Religion ist belastet, weil man zu schnell an Religionskrieg denkt, wenn das Wort fällt, und Religion ist so nachhaltig mit Intoleranz verbunden, dass man weit eher an Schaden denkt als an Hilfe. Im Vergleich dazu kann ich esoterische Anschauungen annehmen oder auch nicht, es fehlt der Zwang, der allem kirchlichen Denken seit Jahrhunderten anhaftet. Für viele Menschen ist daher Esoterik ein wichtiger Stufenplan zum Lernen von Bewusstheit, weil man nicht genötigt ist, bestimmte Vorstellungen in einem bestimmten Tempo zu übernehmen. Die Lehre der Kirchen aber wird von nicht wenigen Menschen als Nötigung empfunden und ist daher auch in weiterer Folge nicht mehr glaubhaft, wenn es um eine Vorstellung vom Jenseits geht.

Naturkatastrophen?

Wir leben auf einem gefährlichen Planeten und in jeder Sekunde kann sich im Grunde alles ändern. Wir Menschen tragen sogar noch einiges bei, damit die Erde noch gefährlicher wird: die Klimaerwärmung ist zum guten Teil den Machenschaften des Menschen geschuldet. Erdbeben, Vulkanausbrüche, Seebeben, Überschwemmungen und Tsunamis sind Phänomene, denen wir Menschen hilflos ausgesetzt zu sein scheinen. Betrachtet man unsere Erde jedoch als lebendigen Organismus, dann werden Hilflosigkeit und Opfertheorie fraglich.

Nicht immer ist das so deutlich sichtbar wie bei Überschwemmungen, wenn Abholzungen und Flussbegradigungen erst das volle Ausmaß der Katastrophe herbeiführen. Wer etwa im Schatten eines Vulkans lebt, nur weil hier die Erde am fruchtbarsten ist, der bezahlt mit erhöhtem Risiko für den Nutzen, den er frei gewählt hat. Er hat eindeutig die Gefahr in Kauf genommen.

Der Mensch hat sich nach dem Alten Testament die Erde untertan gemacht, doch dabei weiß er die meiste Zeit nicht, was er tut. Der Mensch hat den Balkan seiner Wälder beraubt, das Holz hat er zum Bau von Schiffen (von Kriegsschiffen wohlgemerkt!) benötigt. Was er nicht wollte und trotzdem verursacht hat, war die Bildung eines riesigen Karstgebietes im Südosten Europas. Man dürfte sagen: aus Mangel an Erfahrung! Die hat er nun, der Mensch, und macht doch 2000 Jahre später das gleiche in Brasilien noch einmal! Diesmal mit Auswirkungen, die wir noch viel weniger im voraus abschätzen können. Die Lernfähigkeit des Menschen ist aus dieser Perspektive wohl nicht sehr hoch einzuschätzen.

Seit der Entwicklung der Quantenphysik wissen wir Menschen, dass sich die Materie schon allein deshalb wandelt, weil wir sie beobachten. Allein Gedanken bewirken Veränderung! Wird der Gedanke erst mit einer Energie aufgeladen, muss zwangsläufig die Wirkung stärker ausfallen. Ein negativer Gedanke in Verbindung mit einer negativen Emotion erzeugt Spannungen. Das passiert nicht nur im häuslichen Bereich oder im Vorfeld eines Krieges. Spannungen, die sich in der Psyche aufbauen, können sich, wenn auch nicht zwangsläufig, auch in der Materie entladen. Die Wissenschaft hat sich damit noch nicht wirklich beschäftigt: Wenn auf einer Insel seit dreißig Jahren Bürgerkrieg herrscht, dann werden Millionen von Flüchen in den Himmel aufgestiegen sein – und in die Erde hinab. Das ist ganz ohne Zweifel als massiv störende Energie zu betrachten. Negativenergie, die sich in der Erdkruste stauen kann und schließlich ein schweres Seebeben mit nachfolgendem Tsunami auslösen mag (Sumatra 2004). Beweisbar ist dabei (noch) nichts, plausibel ist es doch!

Krieg?

Lässt Gott den Krieg zu? Ganz offenbar! Es ist aber wohl schwer zu argumentieren, dass Gott die Kriege auslöst oder gar selber führt. In nicht wenigen Fällen wurden die Kriege von Menschen im Namen Gottes geführt und diese waren in der Regel die grausamsten. In den letzten 2000 Jahren war Europa der Kontinent der Bruderkriege. Die letzten 70 Jahre ohne Krieg in Mitteleuropa sind nun die absolute Ausnahme und das Verdienst der Europäischen Union. Doch schon vor unserer Haustüre sind auf dem Balkan Kriege geführt worden, die ausschließlich auf den Hass gegenüber dem Nachbarn zurück zu führen sind. Wer in seiner Seele keinen Frieden hat, wird ihn außer seiner selbst auch nicht finden!

Lässt Gott den Krieg zu? Eine sonderbare Frage aus dem Blickwinkel der Opfer: Ve victis! sagten die Römer, solange sie selber die Sieger waren. Der Sieger ist sich selber immer der Größte, nur für die Verlierer stellt sich die Frage, warum Gott Kriege zulässt. Und immer erst nachher! Vorher, solange sie noch glauben können, dass sie die Sieger sein werden, wollen sie aktiv den Krieg und das umso begeisterter, je länger vorher die Friedenszeit war, siehe 1. Weltkrieg.

Effizienz ist eines der Lieblingsworte der Menschen. Mit einem Druck am Züngel schickt man ein Projektil ab, das in 300 Metern noch tötet. Mit einem Ruck an der Abzugsschnur (und das ist nur ein ganz kleiner Aufwand), jagt man eine Granate los, die nach vielen Kilometern ihre Zerstörungskraft entfalten wird. Immer aber steht der vermeintliche Sieger hinter dem Rohr! Vielleicht würde sich seine Einstellung wandeln und der Siegesglaube schrumpfen, stünde er einmal vor dem Rohr, doch ich fürchte, da hat er nicht mehr genug Zeit zu lernen! Die Überlebenden stehen immer hinter dem Rohr und deshalb glauben sie auch noch immer an ihre Unbesiegbarkeit.

Ja und Gott? Der ist nichts für Sieger! Und für Verlierer schon gar nicht!

Flüchtlinge

Mit den Kimbern und Teutonen ist geschichtlich erstmals etwas dokumentiert worden, was man heute als Flüchtlingsszenario bezeichnen würde. Es ist festzuhalten, die Kimbern waren in ihrer ursprünglichen Heimat Jütland keiner politischen Verfolgung ausgesetzt. Sie waren schlicht am Verhungern und haben sich deshalb nach Süden auf den Weg gemacht, weil sie von fahrenden Händlern über den sagenhaften Reichtum der Italiker gehört hatten. Bevor man also untätig sitzen bleibt, ist es besser, sich auf den Weg zu machen, selbst wenn man dabei verhungern sollte. Es macht zumindest Hoffnung! Soll heißen: die Kimbern waren Wirtschaftsflüchtlinge und sie wurden - wie heute auch - von den Römern alles eher als gastfreundlich empfangen. Womit die hochmütigen Römer nicht gerechnet hatten und was ihnen zwanzig Jahre zu schaffen machte, war der Umstand, dass diese Wilden aus dem Norden beim Kampf um ihr Leben eine ungeheure Kraft entwickelten. Nicht mit politischen und nicht mit militärischen Tricks war ihnen durch lange zwanzig Jahre beizukommen.

Nur die wenigsten Menschen machen sich wohl aus Jux und Tollerei auf in eine ungewisse Zukunft. In aller Regel steht ein mächtiges Maß an Verzweiflung dahinter, wenn jemand die Sicherheit seines Heimatortes aufgibt und ins Ungewisse aufbricht. Jene jedoch, bei denen der Strom der Flüchtlinge eintrifft, haben „naturgemäß" davon andere Vorstellungen. Diese Fremden, diese Hungrigen und Lästigen, sie sollen draußen bleiben, wir wollen sie nicht! Denn hungrige Leute haben meist auch eine fatale Tendenz zum Stehlen!

Die alten Römer haben uns über Jahrhunderte vorgemacht – und das nicht nur im Schiffsbau mit der Folge Karst – wie man es nicht machen sollte. Kimbern und Teutonen ließen sich endlich doch totschlagen, doch andere kamen nach. Mit dem Verlust von drei ganzen Legionen in der Schlacht im Teutoburger Wald meldete sich bei der damaligen Supermacht das Bedürfnis an, sich mittels einer Mauer vor den unerwünschten Gästen aus Germanien zu schützen. Dieser Limes war so wirksam wie der heutige Versuch, die Außengrenzen der EU vor Eindringlingen aus Vorderasien und Afrika zu bewahren. Aber Flüchtlinge sind primär weder diebisch noch missionarisch, wie heute über die Bewohner arabischer Länder gern gemutmaßt wird, sie sind vor allem anderen hungrig! Sie kommen todsicher auch dann, wenn wir eine neue chinesische Mauer durch das ganze Mittelmeer bauen wollten.

Mit dem Einfall der Hunnen – wieder ein hungriges Nomadenvolk – wurde es für die Römer zunehmend sinnlos, korrupte germanische Fürsten mit Gold zu bestechen und ihre Gefolgsmänner als Soldaten ins römische Heer zu integrieren. Der Druck wurde einfach zu groß und der weströmische Teil des alten Imperiums ging aus politischer Unfähigkeit, sprich Lieblosigkeit zugrunde. Nun musste man sich mit den Siegern arrangieren. Dabei war auffallend, dass die germanischen Sieger das allergrößte Bedürfnis hatten, sich in das alte Imperium einzugliedern, zu integrieren würde man heute sagen, um von dessen Wohlstand zu profitieren. Die Goten gingen dabei sogar so weit, nach der Eroberung von Rom die Plünderung der Kirchen zu verbieten, weil sie, obwohl selbst Arianer, Respekt vor dem christlichen Glauben der Katholiken hatten.

Das Verständnis der Römer für die Fremdlinge hielt sich trotzdem in Grenzen. Anstatt das bereits zitierte „ve victis" ihrer Vorfahren für sich zu verinnerlichen, trauerten sie um ihre goldenen Pokale und silbernen Löffel, die ihnen von den Siegern geraubt worden waren. Auch Kirchenväter stimmten in den Jammer um das verlorene Reich ein. „Hochmut kommt vor dem Fall!" versteht man besonders gut, wenn andere davon betroffen sind. Der eigene Hochmut ist erfahrungsgemäß eher eine lässliche Sünde, nur ein bedauerlicher Fehler! Das kann schon einmal passieren!

Gier nach Land – Eroberungskriege

Es kann kein Zweifel sein, dass die Kehrseite der Flüchtlingsströme sehr oft auch im Hunger von Angreifern wurzelt. Aus einer ganz ähnlichen Gegend wie die Kimbern seinerzeit brachen 900 Jahre später die Wikinger auf und versuchten ihre Lebensverhältnisse durch Angriffe auf die britischen Inseln zu verbessern. Doch aus der anfänglichen Not wurde sehr rasch die nachfolgende Gier und daher erwarben sich die Wikinger den Ruf von blutrünstigen Räubern und Mördern. So lange sie sich auf der Siegerstraße befanden, muss es ein „Heidenspaß" gewesen sein, Mädchen zu schänden und Mönche zu rösten. Doch der blutige Abwehrkampf der Angelsachsen zwang schließlich die Eroberer nach Frankreich und ins Mittelmeer auszuweichen. Sie integrierten sich rasch in der neuen Heimat, erwarben sich die dortige Überheblichkeit und kehrten eineinhalb Jahrhunderte später als Eroberer nach England wieder, diesmal mit mehr Erfolg.

Ein Land zu besitzen oder in Anspruch zu nehmen, hieß im ganzen Mittelalter nichts anderes als die Herrschaft über einen Landstrich, deren Bauern man mit Hilfe der Aristokratie wirksam auspressen konnte. Dafür mussten regelmäßig rationale Gründe gefunden werden, die die Berechtigung zu einem Angriff glaubhaft machen konnten. Das war in Asien so wie in Europa; die Fadenscheinigkeit der Argumentation hierfür scheint ein geradezu menschliches Grundbedürfnis zu sein. Ich erspare mir die Aufzählung von Einzelereignissen bis hin zum Überfall auf Polen im Jahre 1939.

Was jedoch die momentanen Sieger offenbar niemals ins Kalkül ziehen, ist der Pendelschlag der Geschichte, der nach längerer oder kürzerer Zeit die Besiegten wieder zu Siegern macht. Und jetzt kommt das selbe Spiel mit umgekehrten Vorzeichen. Der Triumph des einen ist der Schmerz des anderen. Im Augenblick des Sieges will keiner daran denken, was doch so deutlich sichtbar ist. Die Bewusstheit des Siegers und des Besiegten wurde daher niemals klarer gefordert als mit dem Satz: Wer zum Schwert greift, kommt dadurch um! Und doch sind sowohl Sieger als auch Besiegte Jahrtausende lang vor der Schlacht vor ihrem Gott gekniet und haben um seinen Beistand in ihrem gerechten und gottgewollten Kampf gebetet. Nach der Schlacht waren die Sieger mehr denn je von ihrem Ego überzeugt, die Verlierer aber hatten Gottes Ungerechtigkeit zu beklagen. Wobei sie nicht immer daran dachten, wer und um welcher Interessen willen sie in den Kampf geführt hatte.

Vorurteile, Sitten und Gebräuche

Der Mensch ist schon ein sonderbares Wesen. Es scheint, zu allen Zeiten hat er anderen nach dem Leben getrachtet, um das eigene zu erhalten. Auch ohne zu wissen, ob es überhaupt in Gefahr war. Er hat darüber hinaus aber auch Verhaltensweisen entwickelt, die als durchaus abstrus zu bewerten sind und offensiv oder defensiv dem Schutz des Ego dienen zulasten der Umwelt. Dieser so oft angeflehte

Gott wurde dadurch zum Diener des Ego herabgewürdigt. Das galt aber nicht nur beim Tötungsverbot, das mehr oder minder durchlöchert war von Ausnahmen in den verschiedenen Religionen. Das gilt synonym noch immer. Heute heißt die Religion des modernen Menschen Wirtschaft, ihr Götze ist das Geld und ihr Hohepriester heißt Technologie. Die zivilisierte Form des Krieges heißt Wirtschaftskrieg und er ist nur scheinbar weniger grausam.

Gott wurde oft genug auch als Rechtfertigung herangezogen, wenn etwas gerade einfach nur Mode war. Das gilt indirekt selbst heute noch: Wann immer die Wissenschaft (die Archäologie) Funde ausgegraben hat, deren Sinn sich nicht auf den ersten Blick erkennen lässt, wird das Unerklärbare flugs zum Teil einer kultischen Handlung erklärt. Ich würde auch wetten, dass man es mit dem Willen des Himmels begründet hat, wenn chinesische Mädchen sich über Schmerzen in ihren eingezwängten Füßchen beschwerten, weil ein schönes Mädchen kleine Füße haben musste. Ich würde genauso wetten, dass die Schmerzensschreie der Babys bei Mongolen und teilweise auch bei Goten sowie bei einigen prähistorischen Völkern Südamerikas als Opfer an die Götter interpretiert wurden, solange ihre Köpfchen eingeschnürt waren, damit sie später den wunderbar modischen Langschädel bekamen.

Noch immer aktuell aber ist das, was vorwiegend afrikanischen Mädchen angetan wird, weniger häufig aber auch Mädchen in anderen Teilen der Erde. Die Beschneidung von Knaben ist im Vergleich dazu harmlos, ja sogar sinnvoll in heißen Gegenden mit wenig Möglichkeiten zu baden oder zu duschen. Aber es gibt keinen hygienischen Grund, kleinen Mädchen ohne Betäubung die Klitoris und die kleinen Schamlippen wegzuschneiden, nur weil das ein schöner alter Brauch ist. Was für eine Grausamkeit für jene, die überleben! Jedes dritte Mädchen verblutet ohnehin. Wer kann sich eine bessere Zukunft vorstellen mit schwerst traumatisierten Frauen, deren Liebesleben im Stillhalten besteht? Und das alles womöglich im Namen Gottes, der die Menschen liebt!

In entlarvender Offenheit geben manche Männer in diesen Ländern zu, dass solche Frauen später leichter zu führen seien, weil sie weniger die Neigung haben, ihr Glück bei fremden Männern zu suchen. Wie viele Schmerzen damit verursacht und wie viele seelische Störungen grundgelegt werden, ist solchen Männern ganz sichtbar egal, wenn es um den eigenen Vorteil geht. Was ist aber nun der eigene Vorteil? Dass sich Männer ihrer eigenen Verunsicherung nicht stellen müssen? Ist das langfristig nicht eher ein Nachteil? Wäre die Beseitigung des Atavismus *Frau als Eigentum des Mannes* nicht der menschlichere Weg? Gott erschuf den Menschen als Mann und Frau und somit wurde bereits in einer unserer ältesten Schriften die Augenhöhe zwischen den Geschlechtern zum Prinzip erhoben.

Um wie viel weniger darf ein Mann dann seine heiratsfähige Tochter gegen gute Mitgift verschachern? Fünf Kamele gegen ein junges Mädchen, allerdings nur, wenn es ordnungsgemäß beschnitten ist, heißt es in Somalia. Diese Form des Sklavenhandels mit dem eigenen Kind existiert immer noch in unserer modernen Welt, im 21. Jahrhundert! Und bei aller Aufgeklärtheit ist gerade die Sexualität die Wurzel der größten Torheiten in der Menschheitsgeschichte. Der Zuckerguss der Rationalisierung kommt als Krönung dieser ganzen Idiotie obendrauf: Der Koran verlange es, ist ebenso erlogen wie die Behauptung lachhaft ist, Frauen, die nicht beschnitten seien, könnten keine Kinder bekommen. Trotzdem sind das noch immer die wichtigsten Argumente von rechtschaffenen Traditionalisten, mit denen sie die Genitalverstümmelung rechtfertigen. Traditionalistisches Gedankengut ist gepaart mit Dummheit genauso der Hintergrund für viele andere Gewalttaten; vor allem in Familien, wenn ein Mädchen den Anordnungen der Väter oder Brüder nicht folgen will.

Die schadhaften Werte im Materialismus

Wer sich die Mühe macht, den Begriff "Werte" in eine Suchmaschine einzugeben, wird vielleicht überrascht feststellen, dass die ersten fünfzig Internetadressen ausschließlich materielle Werte anzeigen. Erst dann irgendwann ab der vierten Seite tauchen erstmals pädagogische Werte auf. *Sind denn nur Geldwerte wert als Wert angesehen zu werden?*

Zum Schutz des Rechtsgutes "Leben" wurde von den Menschen schon vor Jahrtausenden das Tötungsverbot eingeführt. "Du sollst nicht töten!" lautet die Norm im Alten Testament zum Schutz des Wertes Leben. Leben ist der höchste Wert bei Juristen, Philosophen und Theologen. Und er ist kein materieller Wert. Seit Kain den Abel getötet hat, gilt dieses Gesetz in der zivilisierten Welt, auch wenn es um vieler minderwertigerer Prinzipien wiederholt durchbrochen wurde, wie bereits dargestellt. Dass die Jäger und Sammler, also die Abels kein Tötungsverbot benötigten, ist durch zahlreiche Arbeiten zu den prähistorischen Menschen belegt. Erst als Kain sesshaft wurde und synonym die alte Kultur Abels überwand (sie also tötete), benötigte er für seine neuen Werte Schutz. Die neuen Werte aber waren nun materielle Werte, hinter die der Wert Leben zurückzutreten hatte. Dem historischen Ablauf dieser revolutionären Entwicklung am Ende der letzten Eiszeit habe ich mich andernorts gewidmet (Abel ging ins Licht).

Es ist höchst verräterisch, dass die Suchmaschinen den immateriellen Wertebegriff erst viel später auswerfen, wenn man sich an Aktienhandel und Geldgeschäften satt gesehen hat. Eine unausgesprochene Rangordnung wird sichtbar, unfreiwillig entblößt sich dem Auge des Sehenden die meist reflexartig bestrittene Behauptung zur unbewussten Haltung, dass Geld wichtiger sei als Leben. "Gibt es ein Leben vor dem Ferrari?" konterkariert sarkastisch die alte Menschheitsfrage um das Leben nach dem Tode. Natürlich als Scherz, aber wo ist eigentlich der Witz? Die Bezeichnung des Sarges als Holzpyjama macht eine ähnliche Perspektive sichtbar, gut verborgen und weit im Hintergrund das Grauen.

Wir verdrängen unsere Sterblichkeit ebenso wie unsere Verletzlichkeit und unsere Sehnsüchte nach Geborgenheit. Die Angst vor Hunger brachte Abel dazu, zu Kain zu mutieren, sesshaft zu werden und Besitz zu horten. Diese Angst leitet den Menschen sichtbar noch immer, obwohl heute keine Gefahr mehr besteht zu hungern, außer in den Ländern der dritten Welt. Dass wir aber genau diesen Ländern unseren Wohlstand verdanken, weil sie unfreiwillig unseren technischen Fortschritt finanzieren, ist schon wieder ein Grund mehr zu einer Verdrängung: wir wollen nicht schuld sein an der Not anderer, daher spenden wir in die dritte Welt und leisten Entwicklungshilfe. Geld, das auf der anderen Seite von der westlichen Industrie in Gestalt von billigen Rohstoffen und Arbeitskräften wieder aus diesen Ländern heraus gesogen wird. Unsere persönliche Schuld ist das sicher nicht, es ist höchstens die Schuld der Aktiengesellschaft, deren Papiere wir gekauft haben mit der Absicht, unseren Gewinn zu vermehren. So wird das Böse anonym gemacht. Ob wir es zugeben oder nicht, der Materialismus hat bei uns immer den Vorrang vor lebensfördernden Werten.

Noch im Mittelalter war der sogenannte Mundraub straffrei: Ein Diebstahl, nachweislich aus Hunger begangen, führte nicht zur Bestrafung des Täters. Schaut man heute unsere Strafgesetze an, dann sieht man sehr genau, dass indirekt die Verletzung der Eigentums-rechte einer höheren Strafe unterliegt, als Schädigungen an Leib und Leben. Ein Toter im Straßenverkehr hat weniger Gewicht als ein vollendeter Einbruch! Das Strafrecht ist einer unserer wichtigsten Wertekataloge und noch dazu ein sehr verräterischer. Und die Zahl der Ehrungen, die ein Mensch in seinem Leben erfahren kann, ist direkt proportional seinem vermuteten oder offengelegten Reichtum.

Die Lüge als Fahnenträger des Materialismus

Unser Wirtschaftssystem lebt vom Glauben an den Mangel alles Wünschenswerten. Dieser Glaube ist der Motor jeder Konkurrenz. Und wer sich weigert, an dieser Konkurrenz teilzunehmen, geht früher oder später unter. Wer sein Vermögen nicht zu vermehren trachtet, dem wird es weggenommen. Weil von allem zu wenig vorhanden ist, kann nur der zu Reichtum gelangen, der es anderen wegzunehmen bereit ist. Es ist eine der zahlreichen Verharmlosungen in unserem System zu behaupten, in einem guten Geschäft hätten beide Seiten den gleichen Nutzen. Der Reichtum nährt sich von dem geringfügig höheren Nutzen, den man gegenüber dem Partner in einem Geschäft erzielt. Dass dies auch für lohnabhängige Mitarbeiter gilt, hat schon Karl Marx nachgewiesen.

Es ist jedoch keineswegs wahr, dass diese Form der Wirtschafts-gestaltung die einzig mögliche in einer menschlichen Gesellschaft ist. Von anderen Völkern, etwa den Yequanas in Südamerika wird berichtet, dass ein gutes Geschäft dann zustande gekommen sei, wenn beide Seiten *gleich zufrieden* sind mit dem Ergebnis. Eine Stange Zuckerrohr kann daher von Kauf zu Kauf unterschiedlichen Wert haben …

Bei uns hingegen muss man Partner oder Konkurrenten nach wie vor über den Tisch ziehen, wenn man ein gutes Geschäft machen will. Und dazu ist beinahe jedes Mittel recht. Betriebswirtschaft nennt man die Methode, mit der man anderen den Rang ablaufen kann. Die hier entwickelte Rationalisierung zeigt uns, wie man am besten kostengünstig produzieren muss, um die Nase vorn zu haben, um den größtmöglichen Gewinn aus seinem Geschäftsfeld zu ziehen. Und je größer dabei der eigene Betrieb ist, umso größer ist der Gewinn, den man dabei erwirtschaftet. Tausend Schrauben mit einer Gewinnspanne von 2 Cent sind ein Nichts, eine Million mit 1 Cent sind schon ein kleines Vermögen. Natürlich maschinell hergestellt. Der Gedanke macht vor nichts halt. Die Menge von 100.000 Hühnern oder 1.000 Rindern ergibt einen satten Gewinn, wenn man sich nicht von den lächerlichen Emotionen aufhalten lässt, die sich gegen das unermessliche Tierleid aufstellen, das mit unnatürlicher Stallhaltung und mechanischer Schlachtung in Kopfüberstellung oder der beginnenden Tranchierung noch vor der Enthauptung verbunden ist. Man sieht das ja nicht, wenn das Fleisch auf dem Teller landet und was man nicht weiß, das macht uns nicht heiß! Die Menge an Stresshormonen, die dadurch in unseren Körper gelangt, wollen wir nicht wissen; um die Folgen soll sich später der Arzt kümmern, wenn es sie überhaupt geben sollte.

In China werden Hunde gegessen, das ist keine Neuigkeit. Diese aber werden nicht einfach so schonend wie möglich getötet, sie werden vielmehr totgeprügelt, weil ihr Fleisch für den menschlichen Verzehr dann angeblich bekömmlicher ist. Es sind die Stresshormone im Tier, die den Gaumen so wirksam kitzeln sollen. Wie viel biologisches Gift der Mensch dabei zu sich nimmt, findet bei Gourmets offenbar keine Beachtung. Jetzt muss der Spaß sein, jetzt!

Unsere Meere zeigen uns, was die Folgen einer solchen Denkweise sind: sie sind samt und sonders bereits überfischt und die Fischbestände können sich kaum noch regenerieren. Wir nehmen das Leben heraus und geben im Gegenzug unseren Dreck zurück. Kilometergroße Teppiche aus Plastik bedecken den Atlantik und und töten zahllose Fische, die diesen unverdaulichen Schmutz in ihren Körper aufnehmen. Das ist uns ebenso egal wie die Tatsache, dass beim Thunfischfang unzählige Delphine in den Riesennetzen ersticken. Hauptsache, der Gewinn stimmt!

Für diesen Gewinn ist uns jedes Mittel recht! Wir müssen nur möglichst viele Menschen davon überzeugen, dass sie unser Produkt kaufen sollen, das wir in der Fernsehwerbung mit allen Tricks ins Rampenlicht stellen. Hier werden Vorzüge angedient, die mit den Tatsachen oft nicht viel zu tun haben. Euphemismen als harmlosester Form von Lüge begegnen wir in der Werbung für Kinderschokolade, wenn eine attraktive Mutter ihren süßen Sprössling mit Süßigkeiten verwöhnt. Wenn die Mama so hübsch ist, dann muss das, was sie zu sagen hat auch klug sein! So etwas ins Volk zu streuen, ist keine Dummheit mehr, es ist ein Verbrechen an der Volksgesundheit!

Fernsehwerbung hat den einzigen Sinn, den Umsatz der werbenden Firma anzukurbeln. Werbung zeigt immer das, was die demokratische Mehrheit sehen oder lesen will! Man kann sicher sein, dass ein Werbespot, der nicht seinen Ertrag abwirft, noch am selben Tag von der Bildfläche verschwindet. Nicht Wahrheit oder intellektuelle Treffsicherheit entscheiden über den Nutzen eines Werbespots, sondern ausschließlich der Ertrag. Das erklärt die teilweise gnadenlose Dummheit, die dabei an den Tag gelegt wird. Dabei zeigt sich umgekehrt aber auch ein Spiegelbild der Intelligenz und Weisheit unserer Bevölkerung. Spinnt man den Gedanken weiter fort und zieht Schlüsse aus dem ständig fallenden Niveau der Werbung, dann steuern wir mit Bedacht auf die Zustände von Idiocracy zu. Dieser Film ist nicht nur eine Satire, er ist auch eine Warnung!

Womit beschäftigen sich die Medien? Was für die Werbung gut ist, ist für die Medien billig! Krimi, Gewalt, Mord und Totschlag in den Filmen, Krieg, Katastrophen und Unglücksfälle in den Nachrichten. Es gilt noch immer der alte Journalistenspruch: only bad news are good news! Es ist schon fast ein euphemistisches Sakrileg zu berichten, dass ein englischer Prinz eine halb schwarze Lady aus der Filmbranche zu seinem Herzblatt macht. Und prompt melden sich selbsternannte Kassandras, die vor einer Umfärbung des englischen Königshauses warnen, sollte der Prinz wider alle Wahrscheinlichkeit die Thronfolge antreten müssen. Aufregung muss sein! Dass sich die in den Medien vertretenen Anschauungen oft binnen weniger Tage wandeln, fällt den meisten gar nicht auf, weil sie immer nur dem vorherrschenden Trend hinterher hecheln. Von wem der Trend aber gemacht wird, das bleibt meist verborgen, seine Absichten erkennt man oft genug nicht einmal dann, wenn er schon vom nächsten abgelöst worden ist. Hauptsache man befindet sich unter lauter Gleichgesinnten. Doch halb zog sie ihn, halb sank er hin! Zum Trend und auch zur Mode gehören immer zwei Seiten, die Verführer und die leidenschaftlich gern Verführten. Die Welt ist ein Irrenhaus, aber dabei sein ist alles!

Dem Terror der Mode folgen nicht nur betuchte Damen aus bestem Hause, ihm folgen oft genug auch Frauen, die sich das eigentlich gar nicht leisten können. Es ist einfach zu schwer, sich dem Zwang der Mehrheitsmeinung zu entziehen. Und der bezieht sich nicht nur darauf, was „man" gerade trägt, er verlangt auch die Anpassung an die Meinung der Lemminge, ohne die ein modernes Wirtschaftswesen gar nicht funktionieren könnte. Daher wird Individualität hoch gepriesen, doch kaum gelebt. Man tut so, als wäre man Individualist und achtet dabei sorgsam darauf, nur ja nicht aus der Reihe zu tanzen. Der Rudeltrieb, der hier sichtbar wird, hatte vor Jahrtausenden einen mächtigen Sinn: niemand konnte ohne das Rudel in der Wildnis überleben. Dass er heute noch immer so prägend ist, beweist Erich Kästner im Fortschritt der Menschheit: „… bei Lichte betrachtet, noch immer die alten Affen!"

Nicht der Besitz von Geld erzeugt die oft zitierte Gefühllosigkeit, sondern der Zwang, zu Geld zu kommen! Der Glaube an den Mangel des Geldes führt zu jenen Verhaltensweisen, die Empathie zum Mitmenschen verhindern und Härte und Grausamkeit nicht nur erklärbar machen, sondern beinahe zu deren Rechtfertigung führen. Es wäre sinnvoll für die Masse der Menschen, über diesen Mechanismus einmal nachgedacht zu haben und zu bemerken, dass man selber das Opfer dieses Systems ist. Der äußere Überfluss ist dabei nur die Deckenkappe, die dem Mangelgedanken übergezogen wird.

Wie sehr wir Opfer unseres eigenen Systems sind, merken wir am besten an den Winkelzügen der Pharmaindustrie. Du brauchst nur eine seltene Krankheit zu haben, gegen die es derzeit noch kein Medikament gibt. Es wird auch weiterhin keines geben, weil die Entwicklung eines Präparates für so wenige Menschen nicht rentabel ist. Es springt kein Gewinn heraus mit dir und den wenigen. Wen kümmert dein Schmerz? Eine unversehens öffentlich gewordene Studie hat erst vor wenigen Tagen diese Empfehlung in aller Schamlosigkeit entlarvt.

An ihren Früchten werdet ihr sie erkennen! Diese biblische Wahrheit gilt noch immer! Es ist jedoch zu befürchten, dass auf diesem Planeten die biblischen Wahrheiten langsam zu Ende gehen. Mir graut vor der Zukunft unserer Kinder! Zumal vor unserer Vergangenheit mit ihren Massenmorden aus ethnischen oder religiösen Gründen kann das Grauen gar nicht heftig genug sein. Werden unsere Kinder die Kraft haben, einen besseren Weg mit mehr Bewusstheit für sich und ihre Mitmenschen zu gehen?

9. Warum gibt es Krieg unter den Menschen? (1993)

Bei unserem Grundkurs in Reiki hat unser Reiki-Meister erzählt, dass er in Indien einen weisen Mann befragt hat, warum es auf der Erde immer wieder Krieg gibt. Der Alte habe ihm die Notwendigkeit von Krieg so erklärt: "Gedanken sind ungeheuer starke Kräfte, die in die Atmosphäre strömen. Wenn die Atmosphäre aber übersättigt ist mit negativen Gedanken, dann muss sie sich reinigen wie in einem Gewitter. An besonders sensibler Stelle fahren dann die Blitze der Negativität zur Erde und erreichen in Form von Krieg auch viele unschuldige Menschen. Wir alle tragen an dieser Schuld mit, weil auch unsere negativen Gedanken die Atmosphäre angereichert haben."

Ich protestierte innerlich heftig, hielt mich dann aber mit einer Wortmeldung zurück, um nicht schon wieder in den Mittelpunkt zu rücken. Mein Widerstand rührte daher, dass immer wieder von positivem Denken die Rede war, doch ich hatte meine Skepsis ja schon geäußert, dass genug Leute immer von positivem Denken sprachen, das sie sich wie eine fremde Haube übers Haupt stülpten, ohne deswegen auf dem Grund ihrer Seele bessere Menschen zu werden.

Ich selber hatte in diesem Punkt ganz andere Ideen entwickelt und diese schienen mir im diesem Moment in krassem Widerspruch zu dieser scheinbar simplen Lösung zu stehen. Würde man eine Ameise auf ihrem Weg um das nächste Stück Abfallholz nach dem Sinn ihres ganzen Heimatbaues fragen, sie könnte vermutlich keine Antwort geben. Und doch steht ihr ganzes Tun im Dienst eines ihr selbst unbekannten, höheren Planes, der das Funktionieren des großen Ameisenhaufens gewährleistet.

Genauso aber sind auch wir Menschen. Innerhalb der Einheit des Universums sind auch wir eine Einheit, nämlich die besondere Spezies der Menschen. Alles was wir an Gutem oder Bösem tun, fällt auf uns als ganzes zurück. Das ist sehr leicht zu erkennen bei sogenannten bösen Taten, da sie sich in der Regel unmittelbar gegen andere Menschen richten, und nicht zu vergessen die "guten" Taten, die aus bloßem Eigennutz vollbracht werden, etwa um vor anderen gut dazustehen oder selber ein gutes Gefühl für sich zu entwickeln, weil Geben bekanntlich seliger ist denn Nehmen!

Doch wenn uns alles zurückkommt (und das stimmt mit Sicherheit, auch wenn wir es nicht immer gleich sehen), dann kommt es nicht nur dem einzelnen Menschen hinsichtlich seiner Artgenossen zurück, sondern auch der gesamten Spezies hinsichtlich des ganzen Universums. Dann ist unsere Sünde - gleichgültig ob beachtet oder nicht - ein Negativum für das ganze Universum mit all seinen belebten und unbelebten Geschöpfen. Dann gibt es im Sinne des Ganzen auch kein ungerechtes Leid, höchstens ein ausgleichendes. Ein Leid, das die Fehler anderer gutmacht.

"Er nahm auf sich die Sünde der Welt!"

Nur der Mensch in seiner egoistischen Froschperspektive kann davon überzeugt sein, dass ihm ungerechtes Leid zuteil wird. Er sollte verstehen lernen, dass sein Leid im kleinen Ausmaß dem Heil des Universums und damit seinem eigenen Heil dient. Wer leidet steht dann in der Nachfolge Jesu, in der Karwoche seines inneren Universums. Freude müsste dieses Leid heißen! Die Sehnsucht nach Gerechtigkeit aber ist eine Chimäre!

Wir sind Ameisen, solange wir nicht den Sinn des ganzen Baues sehen. Und alles was wir tun oder nicht tun, ist Teil des Universums, trägt bei zu seinen Defiziten oder zu seiner Vervollkommnung. Der Krieg in Bosnien, in Somalia oder in Kambodscha, er entsteht sicher nicht nur aus unseren negativen Gedanken, er entsteht auch aus unseren Handlungen, gleichgültig ob deren Motiv nun Hass, Neid, Eifersucht oder sonstiger Egoismus heißt. Wir können nicht einem Menschen Böses zufügen, wir fügen es zwingend aller Welt, dem Universum zu, und letztlich damit uns selbst. Das Leid der Unschuldigen hilft hingegen die Schuld der Vielen auszugleichen und daher liegt Heroisches im Ertragen und Akzeptieren. Der weise Alte in Indien hatte recht!

10. Macht im zwischenmenschlichen Bereich   (1992)

> Das laute Gebrüll des
> Krieges ist die Summe
> der leisen Schreie
> unserer Babys.

Vor etwa 40 Jahren habe ich ein Seminar in Gemeinwesenarbeit besucht, in dem der Trainer die Feststellung traf: Macht ist in unserer Gesellschaft ein Faktum; sie ist wertfrei, es kommt nur darauf an, wie man mit ihr umgeht. Ich kann mich seiner Meinung heute schon anschließen, bei uns (allerdings nicht überall) ist man tatsächlich von der Geburt bis zum Tod mit der Macht konfrontiert und ihre Auswirkungen sind höchst unterschiedlich, je nachdem wer die Macht übt. Der berühmte deutsche Soziologe Max Weber hat sie Anfang letzten Jahrhunderts definiert als die Möglichkeit, einem anderen Menschen den eigenen Willen aufzuzwingen. Macht lässt also einen Menschen etwas tun oder dulden, das er eigentlich nicht will, z.B. arbeiten für einen anderen, weil er finanziell nicht unabhängig ist oder schweigen, weil es ihn sonst Kopf und Kragen kosten könnte.

Wer sich mit dem Phänomen der Macht auseinandersetzen will, wird wohl mit der Frage der zwischenmenschlichen Beziehungen begonnen haben. Denn Macht ist das zwischenmenschliche Thema schlechthin. Macht ist die Kehrseite der Unabhängigkeit und damit der Freiheit von etwas. Wer hingegen die Freiheit zu etwas, also seine Eigenverantwortung kennengelernt hat, den kann die Macht nur noch bedingt schrecken.

Wenn wir die Formen der Macht unterscheiden in eine äußere und eine innere, dann differenzieren wir auch Qualitäten: die häufigst geübten Formen beziehen sich auf äußere Macht. Wir können weiters differenzieren zwischen Macht im körperlichen, seelischen, kognitiven und geistigen Sinn. Körperliche Macht besteht in der Hauptsache aus Drohung mit Gewalt oder Drohung mit Vernichtung der wirtschaftlichen Existenz. Sie ist unter Menschen um so wirksamer, je weniger direkt sie erfolgt und je länger sie andauert. Das Vehikel ihrer

83

Wirksamkeit besteht in der Angst des Bedrohten, die Abwehr in der psychischen und geistigen Stärke des Bedrohten. (Das anschaulichste Beispiel ist der Western!)

Den breitesten Spielraum findet die Macht im Bereich der seelischen Kräfte, wie überhaupt davon ausgegangen werden muss, dass die Motivation zur Macht der Psyche entspringt, weshalb die Macht auch dort ihren wirksamsten Angriffspunkt findet. Hier findet sich wiederum die Drohung, die sich nun gegen die seelische Unversehrtheit wendet, z.B. durch Aufdeckung eines wirklichen oder vermeintlichen Charaktermangels. Aber auch die Mobilisierung einer Schwäche des DU kann das Ziel der Machtausübung sein, wie etwa die Erregung seines Neides durch demonstrative Zurschaustellung seiner wirtschaftlichen Potenz oder seines Prestiges, ein Motiv, das wohl in unserer Gesellschaft zu den häufigsten überhaupt zählt. Eine uns allen bestens bekannte Waffe der Macht ist die Sekkanz, das Raunzen und Nörgeln, ein Gegenstück dazu das trotzige Schweigen, um nur einige wenige zu nennen.

Die üppigste Palette der Machtausübung beobachten wir in den sogenannten zwischenmenschlichen Spielen. Sie versuchen unbewusst, den Mitmenschen mit Hilfe raffinierter, psychischer Methoden in eine Lage zu bringen, in der er sich zwingend selber zu Fall bringt - was immer er dann tut, wird zu seinem eigenen Nachteil ausfallen. (Spiele sind eine bekannte Definition von Eric Berne.)

Spiele haben den Zweck, Aufmerksamkeit und Zuwendung auf sich zu ziehen, ohne etwas von sich preis zu geben. Sie stellen den äußeren Ausdruck des innen erfühlten Ungleichgewichtes zwischen ICH und DU dar. Auf der Verstandesebene ist Wissen immer auch Macht insbesondere dann, wenn es mit der Macht des Wortes kombiniert ist und hohe psychische Suggestivkraft ausübt. Der Verstand ist aber auch die Fortsetzung tierischer Hierarchie, die ihren sichtbaren Ausdruck in der Gehorsamspflicht findet. Ein Befehl, der nur um seiner selbst willen oder zur Selbstbestätigung des Vorgesetzten ausgesprochen wird, ohne nach Notwendigkeit oder wertendem Inhalt zu fragen, gehört hierher zur formalen Hierarchie und ist zugleich der Anfangspunkt des Faschismus. (Letzterer ist auch nicht eindeutig dem Verstand zuzuordnen, er entspringt eher der psychischen Machtgier.)

Eindeutig in die Verstandesebene hingegen fällt der juristische Bereich, etwa der Abschluss eines Vertrages. Wer sich über die Verpflichtungen ärgert, die aus dem Vertrag erwachsen und ihn mit Macht zwingen, der macht einen Denkfehler: er hat sich nämlich mit dem Vertragsabschluss seines Freiraumes in einer bestimmten Hinsicht begeben und darf sich nun nicht beschweren, wenn er zur Einhaltung sogar mit staatlicher Macht gezwungen wird. Meist hat er dabei übersehen, dass er seinen eigenen Vorteil bereits hatte. Es soll jedoch nicht verschwiegen sein, dass es auch sehr einseitige Verträge geben kann, in denen einer der Partner grob überlöffelt werden soll. Solche Ungleichheiten zu vermeiden bemüht sich die Juristenkunst mit mehr oder minder gutem Erfolg seit über zweitausend Jahren. Ganz sicher nicht konnten sie dabei den menschlichen Drang der Fallenstellerei ausrotten, der etwa in Testamenten gern ausgeübt wird.

Es gibt aber auch eine geistige Macht, die der Gesamtpersönlichkeit eines Menschen entspringt: Wer etwa von einer Sache völlig überzeugt ist, der wirkt überzeugend. Wer aus vollem Herzen liebt, wird mit einiger Wahrscheinlichkeit Gegenliebe hervorrufen. Wer seine volle Stärke bewusst fühlt, wird für andere beinahe unangreifbar (Sokrates stand im Perserkrieg einem Kranz von Feinden gegenüber. Wegen seines stechenden Blickes wagte ihn aber keiner anzugreifen). Wer geistige Stärke ausdrückt, lebt damit auch die Stärke seiner gesamten Persönlichkeit. Wer Denken und Fühlen in seiner menschlichen Existenz vereinigt hat, der verfügt ganz von selbst über die innere Autorität, die eine ungewollte, nichtsdestoweniger wirksame Macht über andere Menschen verleiht. Weil es ihm nicht mehr um Macht geht, hat er sie. Diese existentielle Macht, die aus dem Sein eines Menschen entspringt, ist grundverschieden vom üblichen Macht-wunsch, der psychologisch betrachtet ja nur das Gefühl von Kleinheit eines Menschen verbergen soll und seinen ganzen Kompensations-drang; deshalb ist auch heute die Amtskappelmentalität noch lange nicht ausgestorben: Wer bin I und wer bist du!

In einer Gesellschaft wie der unseren darf die Kehrseite der Macht nicht fehlen, der lange Zahn derer, die gerne Macht hätten. Das subjektive Gefühl von Unterlegenheit, das die einen offensiv nach Macht streben lässt (und beide Mechanismen sind ohne Zweifel in der frühen Kindheit erlernt worden), drängt wiederum die anderen zur Uminterpretation ihrer Machtwünsche in eine angeblich gefährliche Machtausübung anderer, nämlich solcher, die tatsächlich über eine gewisse Macht verfügen. Ihnen werden im Wege der Projektion die eigenen schäbigen Gedanken unterschoben und das Ganze zur Wahrheit erklärt. Sthenische Charaktere äußern ihr Defizit in zersetzenden Reden und abwertender Destruktivität, asthenische hingegen in ihrem Gefühl ständiger Bedrohung und in hinterhältiger Intrige. Ungewollt stellen alle ihre eigene Schwäche zur Schau. Das was sie bekämpfen ist Macht und was sie ausüben, ist ebenfalls Macht. Genau deshalb frisst die Revolution ihre Kinder. Das Geheimnis liegt in der so beliebten Projektion: "Du bist der Machtausüber, ich habe ja keine Macht (aber wenn ich eine hätte....)!" Macht stellt ganz ohne Frage immer eine Einmischung in die Sphäre anderer Menschen dar. Keiner von uns vom Kind bis zum Greis kann sich ihr entziehen. Darum ist es so wichtig, zwischen Macht und Machtgier zu unter-scheiden.

Wenn man sagt, in der Liebe seien die Seelen der Liebenden Spiegel zueinander, dann ist die Machtgier der andere Weg der Spiegelung: Wer nicht miteinander kann, muss gegeneinander können, also sich bekämpfen. Das mächtigste Instrument in diesem Kampf ist dabei bewusst oder unbewusst die Lüge mit der Vielzahl ihrer Kinder: Halbwahrheit, Unterstellung, Üble Nachrede und Verdächtigung, um nur einige zu beschreiben. Überträgt man diese Abläufe auf größere Systeme wie etwa Staaten, dann lautet die Bezeichnung Politik.

Der bei uns natürlich vorhandenen Macht hat das Abendland im Zuge seiner Zivilisierung beizukommen versucht durch das Instrument der Gewaltenteilung: Gesetzgebung, Vollziehung und Gerichtsbarkeit sind nicht mehr wie früher in der Hand eines Menschen (Königs), um Machtmissbrauch zu verhindern. Es ist eben kein Mensch so perfekt, dass ihm dabei nicht Fehler passieren könnten - nicht einmal in entwickelten Systemen ist das zu verhindern. Für uns selbst aber kann sich aus den ganzen Überlegungen nur eine Forderung ergeben: die wiederholte Frage an unser Gewissen, ob wir unsere Verantwortung wahrnehmen und mit unserer wie immer vorhandenen Macht in Partnerschaft, Beruf und Freizeit keinen Missbrauch treiben und unsere Mitmenschen in ihrer Freiheit nicht mehr als notwendig einzuschränken. Hinsichtlich der Machtausübung ist eine bessere Formel wohl noch nie gefunden worden als jene von Jesus: Was du nicht willst, dass man dir tu, das füg auch keinem anderen zu.

11. Satan auf Erden   (2011)

Satan als reale Entität:

Viele Jahre habe ich geglaubt, der Teufel sei eine Vorstellung und die Folge davon, dass unser menschliches Gehirn bipolar angelegt ist. Wenn unsere Gehirnstruktur zu jedem Ding ein Gegenstück braucht, um es dadurch zu erkennen, dann wäre es nur zu natürlich, dass wir zu „Schön" ein „Hässlich" brauchen und zu „Gut" ein „Böse" usw. Dann wäre Satan in Wahrheit eine Erfindung des Menschen und hätte in Wirklichkeit nie existiert. Seine Macht entstünde ausschließlich aus menschlichen Gedanken, sei somit ein typisch menschlicher Selbst-faller.

Die Verlockung so zu denken entstand bei mir auch aus der Ablehnung kirchlicher Lehren, die immer einen von allen Inhalten freien und bedingungslosen Glauben an Gott forderten. Genauso bedingungslos forderten sie auch den Glauben an das böse Wirken des Widersachers als göttliches Gegenstück, das damit auf Gottes Augenhöhe zum Begründer der Polarität erhoben wurde. Ich hielt das alles für einen Ausbund menschlicher Phantasie.

Mit nichts ist jedoch bewiesen, dass das alles auch so ist! Weder meine noch die kirchliche Lehre hat damit erhöhte Glaubhaftigkeit. Warum sollten polarisierende Gedanken und Gefühle in den Menschen aus dem Nichts entstehen, genau so zufällig wie die ganzen unglaubhaften Zufälligkeiten in der Evolution?

Jaques Lusseyran hat so treffend eine unbezweifelbare Tatsache festgestellt mit seinem Wort: „Die Wahrheit geht beim Menschen zu einem Ohr hinein, zum anderen hinaus, Unwahrheit aber sitzt fest wie Pech und Schwefel." Wir alle wissen, dass dir am wenigsten geglaubt wird, wenn du ganz unumwunden die Wahrheit sagst. Sollte diese Verrücktheit, die Lüge lieber zu glauben als die Wahrheit, normal sein für die Kinder Gottes? Wer sonst hätte uns Menschen diese sonderbare Wahrnehmung der Realität beigebracht? Schon in der griechischen Antike gab es den Mythos eines Helden, der fähig war, den Gehörnten die Hörner abzunehmen und den Ungehörnten aufzusetzen. So umschrieben sie in ihrer alten Weisheit sowohl den gerissenen Intriganten wie auch seine ahnungslosen Opfer.

Die Menschen im Alten und im Neuen Testament hatten an der Existenz eines negativen Geistes, der das Leben erheblich zu stören in der Lage ist, offenbar keinen Zweifel. Für sie war der Teufel, der Satan, eine Realität, der sie bewusst widerstehen mussten. Sie haben ihre Erkenntnis in der Geheimen Offenbarung festgeschrieben als die Folge des Engelssturzes.

Luzifer, der erste und liebste Engel Gottes hatte sich gegen ihn empört, indem er sich dazu aufwarf, selber so groß wie Gott zu sein. Luzifer – der Lichtträger – hielt sich plötzlich selber für das Licht und nicht für seinen Diener. Sein Stolz und seine Überheblichkeit führten dazu, dass er mit seiner ganzen Anhängerschaft aus dem Himmel verstoßen und in kleinsten Partikeln auf die Erde verstreut wurde. Luzifer war damit völlig entmachtet. (So wie der griechische Ούρανος von sehr menschlichen Göttern archetypisch besiedelt war, so ging es im Himmel der Hebräer offenbar zu wie an einem orientalischen Fürstenhof: Wir sehen eine Palastrevolte durch den ersten Offizier!)

Um diesen gefallenen Engeln die Wiederkehr in sein Reich zu ermöglichen, erschuf Gott den Menschen, sein neues Lieblingsgeschöpf. Luzifer aber war noch immer auf der Suche nach seiner Anhängerschaft und redete daher den Menschen ein, sie könnten selber sein wie Gott. Das war genau dasselbe, woran er selbst vormals gescheitert war. Er sagte ihnen, sie würden in Hinkunft Gut und Böse unterscheiden können und weil sie seinen Einflüsterungen nicht widerstehen konnten, wurden auch sie aus dem Paradies vertrieben.

Nachdem diese Geschichte eine Geschichte der Menschen ist, ist sichtbar der Satan eine menschliche Geschichte, in der sich alle menschlichen Schwächen widerspiegeln wie im griechischen Götterhimmel. Ein niederer Geist sinnt auf Selbsterhöhung und auf Rache, wenn sie nicht gelingt. Der Geist Luzifers richtet sich nicht so sehr gegen die Menschen, sondern gegen ihren Schirmherrn, dem er die Menschen abspenstig zu machen versucht. Dazu bedient er sich der Täuschung und der Lüge, die die Menschen nur allzu gern glauben.

Er erhebt sich und den Menschen über alles andere, ja sogar über Gott. Schmeicheleien nähren die Eitelkeit und angemaßte Größe beschwichtigt das Gefühl von Unterlegenheit. Solches sah man vor achtzig Jahren auch am Deutschen Reich. Der vorgespiegelte Ausweg aus der eigenen Unzufriedenheit führt allerdings längerfristig in noch größere Unzufriedenheit. Die Habsucht ist nie befriedigt und die Gier wird immer größer.

Glückliche Kinder Gottes können für ihn nicht wünschenswert sein und wenn sie endlich in ihrem Unglück mit Gott hadern, hat der Satan sein Ziel erreicht. Die Offenbarung Johannes' spricht davon, dass er die Welt für eine begrenzte Zeit übernehmen wird. Dabei duldet er sicher keine Konkurrenz. Menschen, die selber Lichtträger sind, wird er mit allen Mitteln bekämpfen und schädigen, weil sie seinem Ziel im Wege stehen. Kann er sie nicht mit sanften Mitteln auf seine Seite ziehen, dann wird er es mit harten versuchen. Das ist wohl die biblische Diktion, wie im Buch Hiob nachzulesen.

Es ist der uralte Drang des Menschen, einen Schuldigen für die eigenen Gefühle der Unzufriedenheit und Aggression erst namhaft und dann dingfest zu machen, um ihn schließlich dafür zu kreuzigen. Diesen Vorgang nennt man psychologisch eine Projektion und die Geschichte der Menschheit ist voll von solchen Begebenheiten.

Sieht man diese Dinge allerdings unter dem Aspekt von Schwingungen in der immateriellen Welt, dann ist die Interpretation schon nicht mehr so einfach. Wir verbinden etwa mit dem Begriff „hochgeistig" Vorstellungen von abgeklärter Reife und durchscheinender Klarsichtigkeit. Dieser Art von Geist steht aber auch der Ungeist der niederen Gesinnung gegenüber, der sich etwa in Unaufrichtigkeit, Feindseligkeit und Rachsucht Ausdruck verschafft. Wenn ein ganzes Volk von einer solchen Schwingung erfasst wird, dann kann sich das durchaus in der Verfolgung von Minderheiten Bahn brechen oder in Hexenprozessen. Nun ist Satan nicht mehr ein einzelner negativer Geist, der die armen Menschen zu ihren Dummheiten verführt, er ist vielmehr ein kollektiver Ungeist, der von den Einstellungen der breiten Masse genährt wird. Um diese unbequeme Wahrheit nicht sehen zu müssen, hat das deutschsprachige Abendland später versucht, die Hexenverfolgungen am Beginn der Neuzeit ausschließlich den christlichen Kirchen in die Schuhe zu schieben.

Unter der Perspektive von hoher und niederer Schwingung des menschlichen Geistes ist es natürlich nun nicht mehr zulässig, den Satan als Gegenspieler Gottes aufzubauen. Wie überhaupt Bipolarität und Dualismus nur scheinbar auf eine innere Gegensätzlichkeit in unserer Welt und unserem Leben verweisen. Polarität ist in unserer Welt nicht immanent enthalten sondern vielmehr die Folge unserer lückenhaften Wahrnehmung der materiellen Realität, wie ich schon in „Zwei Welten" nachweisen konnte.

Wenn wir den Satan nicht als individualisierten, negativen Geist und Verursacher allen Übels in der Welt annehmen können, so ist das Bild von ihm doch ein hervorragendes Instrument, in dessen Spiegel wir unsere eigenen Lücken erblicken mögen. Mensch, Satan! sollte uns helfen, den Weg zur höheren Schwingung in uns allen einzuschlagen. Also lassen wir den armen Satan leben!

Der Ausdruck Satans in der realen Welt:

Der Satan drückt sich aus in

- Der Intrige: im Auseinanderdividieren der Menschen und ihrer Uneinigkeit

- Der Neurose: Sie beginnt in einer schlechten Kindheit, setzt sich in sich immer wiederholenden gleichen Erfahrungen fort, bis die maximale Frustration in die Bösartigkeit führt und zuletzt in die Lust am Wahnsinn

- Der Depression, in der wir unsere göttliche Abstammung vergessen

- Der Verführung durch Armut und Not genauso wie durch Reichtum und Fülle, immer gefangen im Zwang der Materie

- Der Verführung durch einen Mangel an Selbstreflexion und durch die Ablenkung von den wirklichen Inhalten des ICH.

- Der Täuschung: Wenn er Böses will, redet er gut! Er ist der Meister der Tarnung.

- In allen Arten der Unzufriedenheit, der körperlichen und seelischen Krankheit und der Abwesenheit der Einheit mit sich selbst.

Der Satan nistet sich im ICH ein und verändert – verengt die Wahrnehmung des DU:

◆ Du bist Gegenstand meiner Angst

◆ Du bist Gegenstand meiner Wut

◆ Du bist Gegenstand meiner Sorge

◆ Du bist Gegenstand meiner Lust

◆ Du bist Gegenstand meiner Gier

◆ Du bist Gegenstand meines Nutzens

◆ Du bist Gegenstand meiner Freude

◆ Du bist Gegenstand meiner Hoffnungen

Der Satan ist somit alles, was die Gleichwertigkeit von ICH und DU verhindert, er verhindert die Liebe zwischen den Menschen. Das ist mit der Bipolarität des menschlichen Gehirns allein nicht mehr erklärbar.

Satan ist der Widersacher, der alle Pläne des Guten zu durchkreuzen versucht. Wenn Gott die Einheit ist, dann ist Satan die Polarität. Doch warum? Materie ist die niedrigste Schwingung im Universum. Wenn Satan die Materie ist, ist er dann der erniedrigte, niedere Geist, der an den Menschen zu rächen versucht, was ihm vom Erzengel angetan worden ist? Nur der Mensch wird mit Satan konfrontiert, keine Pflanze und kein Tier müssen sich mit ihm auseinandersetzen. So nehmen wir Menschen das zumindest wahr. Doch Satan hat keine Macht, wenn ihm kein Mensch zuhört, daher muss er sich interessant machen. Ab jetzt ist durch seine Einwirkung die Lüge glaubhaft und die Wahrheit langweilig. Das Licht ist fad und der Glaube ist öd! Und das ganze Thema ist obendrein absolut nicht „cool". Weil Satan ein geradezu lächerliches Thema ist, hat er es umso leichter, seine Ziele zu erreichen. Weil wir das nicht sehen wollen, weil wir es verdrängen, orientieren wir uns am Lustprinzip. Das heute alles dominierende

Entertainment, die Unterhaltung ist der Bewusstseinsvernebler, der uns von unserem wahren ICH fernhält, nachhaltig gesteuert von Satan, der nichts anderes ist als die niedrige Denkweise in uns allen!

Satan ist ein anderes Wort für meine Zweifel an der Liebe Gottes. Er hat keine Macht, außer ich glaube es. Er hat immer dann Macht über mich, wenn mein Glaube schwach ist. Dann bin ich unvorbereitet und der Widersacher kommt als Wolf im Schafspelz oft durch scheinbar völlig Unbeteiligte; strafe ich sie, strafe ich die Falschen! Im Tarot ist nicht der Teufel der Satan, sondern der Schwarze Magier. Der Weiße Magier steht im Licht Gottes und dient ihm; der Schwarze Magier ist lediglich der Schatten dieses Lichts. Nur der Transzendentale Magier trägt selber Licht und nähert sich damit schon der Göttlichkeit.

Kein Wunder, dass Menschen wie Meister Eckhart Widerstände fanden, war er doch nach seinen langen Meditationen und seiner Suche nach dem Heil seiner Seele selbst ein Lichtträger! Der Satan aber findet seine Anhänger in unbewussten Menschen, die sich durch die Bewusstheit lichtvoller Menschen bedroht fühlen, und macht sich diese zunutze, um den Aktionsradius der Geläuterten einzuschränken. Die Hölle Satans ist genauso innen in uns wie der Himmel auch und wir haben die freie Wahl.

Ich will ihm trotz allem dankbar sein, er lässt uns wach bleiben und gibt immer wieder den Anstoß zu einer neuen Stufe der Höherentwicklung.

12. Abel ging ins Licht (2016)

Das Ende der gesellschaftlichen Freiheit

Der Mensch erkannte seine Frau Eva; sie empfing und gebar den Kain. Sie sprach: "Ich habe einen Sohn erworben mit Hilfe des Herrn." Weiter gebar sie seinen Bruder Abel. Abel war Kleinviehhirt, Kain ein Ackerbauer.

Nach geraumer Zeit begab es sich, dass Kain von den Früchten des Bodens dem Herrn ein Opfer darbrachte. Aber auch Abel opferte von den Erstlingen seiner Herde und ihrem Fett. Der Herr blickte auf Abel und seine Opfergabe, aber auf Kain und sein Opfer sah er nicht. Da ward Kain sehr zornig, und sein Angesicht verfinsterte sich.

Da sprach der Herr zu Kain: "Warum bist du zornig, und warum ist dein Angesicht finster? Ist es nicht so: Wenn du gut bist, so kannst du es frei erheben, bist du aber nicht gut, so lauert die Sünde vor der Türe. Nach dir steht ihr Begehren; du aber sollst herrschen über sie!" Kain sprach zu seinem Bruder Abel: "Komm, wir wollen auf das Feld gehen!" Als sie auf dem Felde waren, stürzte sich Kain auf seinen Bruder Abel und erschlug ihn.

Der Herr sprach zu Kain: "Wo ist dein Bruder Abel?" Er antwortete: "Ich weiß es nicht. Bin ich denn meines Bruders Hüter?" Er aber sprach: "Was hast du getan? Die Stimme des Blutes deines Bruders schreit zu mir vom Erdboden empor. Und nun sollst du verflucht sein vom Erdboden her, der seinen Rachen aufgerissen hat, deines Bruders Blut aus deiner Hand aufzunehmen! Wenn du den Ackerboden bebaust, wird er dir fortan seine Frucht nicht mehr bringen; ziel- und heimatlos sollst du sein auf Erden!"

Kain erwiderte dem Herrn: "Meine Schuld ist zu groß, als dass ich sie tragen könnte. Siehe, du verjagst mich heute vom Ackerboden weg; vor deinem Antlitz muss ich mich verbergen. Ziel- und heimatlos werde ich sein auf Erden; jeder, der mich findet, wird mich erschlagen." Da sprach zu ihm der Herr: "! Jeder, der Kain erschlägt, an dem wird es siebenfach gerächt." Der Herr machte dem Kain ein

Zeichen, damit ihn niemand erschlage, wer immer in finde. Kain ging vom Angesichte des Herrn hinweg und wohnte im Lande Nod östlich von Eden.
1. Moses 4/1-16

Das Alte Testament wurde im Zeitraum zwischen 1400 und 250 vor Christus geschrieben. Die Parabel, die hier erzählt wird, verweist auf die Zeit nach dem Beginn der neolithischen Revolution, die etwa 10.000 Jahre früher zu einem totalen Bruch in der Menschheits-geschichte geführt hat. Der "fruchtbare Halbmond" zwischen dem nördlichen Mesopotamien und der Mittelmeerküste war das Land, wo Milch und Honig flossen, später als das gelobte Land bezeichnet. Hier wurde der Ackerbau erfunden und hier wurden die ersten Städte gebaut. Etwa 3000 Jahre lang war das die Wiege der neuen Kultur, ehe das Land wohl unter dem Einfluss eines drastischen Klimawandels verödete. Begleiten wir Kain als Synonym für den neugierigen Men-schen auf seiner intelligenten Suche nach einer neuen menschlichen und wirtschaftlichen Lebensform.

Jäger und Sammler, die alte Kultur der Menschheitsgeschichte und hier sowohl vereinfachend wie auch entstellend als Abel dargestellt, hatten diese Zone sehr früh betreten. Schon vor 120.000 Jahren waren die ersten Siedler aus Afrika kommend hier eingetroffen, wo die Wanderung allerdings zum Erliegen kam. Die nächste und entscheidende Welle der Besiedelung durch den Homo Sapiens erfolgte vor etwa 40.000 Jahren, teilte sich und ging von hier aus weiter nach Asien und Europa.

Der Reichtum dieses Landes hatte Kain hier ansässig werden lassen und er hat sicher wahrgenommen, dass es Stellen im Gelände gab, die bessere Gräser wachsen ließen als anderswo. Irgendwann, nachdem er beobachtet hatte, wie die Samen in die Erde fielen und neue Frucht hervorbrachten, kam Kain vor etwa 10 bis 12.000 Jahren auf die Idee, die üppigsten Rispen zu sammeln und nach der Ernte in den Boden einzubringen. Er muss triumphiert haben, als sich sein Ertrag das erste Mal verdoppelte. Zu ernten und neu auszusäen wurde damit zum Fokus seiner Tätigkeit als Bauer. Täglich mochte er das

Gedeihen "seines" Feldes beobachtet haben. Stolz und glücklich führte er seine Söhne in die neue Kunst ein und zeigte Frau und Kindern, wie man tun muss, damit man dem Hunger vorbeugt. Auch die Nachbarn bekamen bald mit, welche Vorteile man mit einem eigenen Feld genoss. Bisher hatten oft ganze Stämme gehungert, wenn man aber ein Feld hatte, konnte man den Hunger besiegen. Als Kain dann erstmals mit Frau und Kind zur Ernte antrabte, hatte aber ein anderer die Körner abgeerntet und er war um die Früchte seiner Arbeit gebracht. Abel war wieder einmal schneller gewesen.

Abels Jägergeist war seit jeher flink und beweglich. Er war gewohnt, sich geistesgegenwärtig alles zu nehmen, was ihm die Natur zum Überleben anbot. Seine Einstellung kracht nun frontal auf jene des ersten Bauern, der nicht einsehen will, dass der Ertrag seiner Mühen nicht auch ihm allein gehören sollte. Er wird seinen Bruder zur Rede gestellt haben, nicht einmal sondern vielfach, zuerst in Ruhe und dann in Wut, ihm vielleicht auch nahegelegt haben, dass er sich ja sein eigenes Feld bestellen kann. Was der eine zu leicht nahm, nahm der andere wohl zu schwer und zuletzt gipfelte der Konflikt im Mord am Bruder. Die neue Zeit war angebrochen. Sie zeigte sich äußerlich durch die Zäune rund um die Felder der Bauern und innerlich in der eifersüchtigen Obacht um den eigenen Besitz (und natürlich den des Nachbarn)!

Kain wurde zum Besitzer seines Feldes, ja anfänglich saß er wirklich auf seinem Feld, um zu demonstrieren, dass es seines war. Nachdem der Mensch aber auch einmal schlafen muss, holte er sich einen Helfer, der für ihn am Feld saß und es bewachte. Die Wächter mehrten sich und wurden in der weiteren Geschichte zur Berufsgruppe der Krieger. Zwar minderte sich dadurch Kains Ertrag, doch sicherte es ihm die Ernte, die ihm gehörte. Sie war seine, sie war sein Eigentum, und er duldete keinen Eingriff in seine Rechte. Das erstreckte sich auch auf die Zeit nach der Ernte. Das Getreide musste ja auch irgendwo gelagert werden und die dafür erforderlichen Speicher mussten nicht nur errichtet sondern auch bewacht werden, um Abels freche Finger im Zaum zu halten.

So tragisch der Brudermord auch war, er war offenbar unvermeidlich. Denn die primitivste Form der Konfliktlösung war sehr wahrscheinlich die Gewalt. Das nach der jüngeren Vorstellung von Abel zu Unrecht beanspruchte fremde Getreide wurde von Kain mit Zähnen und Klauen verteidigt. Und er wird auf Grund seiner Wut die maßvolle Notwehr öfter einmal überschritten und sich selbst ins Unrecht gesetzt haben. Da die Angehörigen der beiden Gruppen von einem solchen Konflikt immer auch mitbetroffen waren, werden sich bald Versuche eingestellt haben, den Streit konsensual zwischen den Gruppen - Bauern und Nomaden zu schlichten. Einmal abgesehen davon, dass solche "Volksversammlungen" auch sehr leicht außer Kontrolle geraten können und dann schon das Ausmaß von Kriegen erreichen mögen, war es sicher nicht einfach, für beide Seiten repräsentative Mediatoren zu finden, die auch allgemeine Anerkennung genossen. Um es zu vereinfachen: Was bei Jägern und Sammlern auf ihren Streifzügen vollkommen unnötig war, trat durch die neue Kultur mitten ins Leben der Menschen - die Frage nach Recht und Gerechtigkeit. Sie sollte in Gestalt von Gesetzen bald das gesamte Leben der jungen Kultur bestimmen. Laotse sagte viele tausend Jahre später in China: "Wenn Gesetzmäßigkeit schwindet (...), erscheint Gesetzlichkeit. Gesetzlichkeit ist verdorrte Form von Gesetzmäßigkeit." Heute würden wir sagen: Das Leben unterlag von da an einer gewissen Verrechtlichung. Die neue Kultur musste ihre Menschen nicht nur vor der Gewalt Kains beschützen sondern auch vor den diebischen Gelüsten Abels. So kam das wohltätige Institut des Strafrechts zu den Menschen.

Vorerst aber stellte sich einmal die Frage, wer das neue Recht ausüben sollte? Wer hatte die Macht, es durchzusetzen und ihm zur allgemeinen Gültigkeit zu verhelfen? Der weiseste Mensch mit dem deklarierten Ziel der Liebe zu beiden Streitparteien kommt irgendwann unweigerlich in den Geruch, für den anderen Partei ergriffen zu haben, wenn es an die eigene Geldbörse geht. Jemand der Recht spricht und gerechte Verteilung zwischen den Parteien übt, der muss folglich gewissermaßen gottgleich und übermenschlich sein, er muss turmhoch über den gewöhnlichen Menschen stehen und er muss eine Legitimation nachweisen, die ihn dem Geifer und dem Neid der

Allgemeinheit entzieht. Von alters her gab es nur einen solchen Menschen in jedem Stamm, von dem man obendrein auch noch abhängig war: Es war der Schamane, allgegenwärtig in allen frühzeitlichen Kulturen. Er war Medizinmann und Heiler und weil er als einziger mit den Göttern sprechen konnte, war er auch Priester. Man muss ihm nicht ab initio unterstellen, dass er seine Meinung als die Meinung der Götter anpries. Seine Stellung innerhalb der Gemeinschaft wurde als so überwältigend-göttlich angesehen, dass ihm in weiterer Folge auch noch andere Ehren zugeteilt wurden: Er stieg auf zum Befehlshaber der Soldaten und somit auf kurzem Wege auch zum Häuptling seines Stammes. Im Alten Testament finden wir einen solchen Mann mit dem Namen Melchisedek in der Funktion des Priesterkönigs. Und der opferte Brot! (Wie die Bauern und nicht mehr Fleisch wie die Nomaden!)

Gott war zwar fürchterlich böse auf Kain, doch letztlich schützte er ihn vor den anderen und gab ihm das Land. Die neolithische Revolution war vorbei, die sesshafte Lebensweise hatte sich durchgesetzt, Kain, der Bauer hatten gewonnen. Abel, der frühere Streuner und ungebundene Geist geriet in die Minderheit. Seine Gene könnten vielleicht noch in der Minderheit der ADHS-Patienten weiter aktiv sein, sehr zur Unlust der heute nicht mehr an die Scholle gebundenen Bauern mit Ihren zwanghaften und starren Arbeitsabläufen auf der Börse, an Universitäten und Schulen hinunter bis zum Lehrer, kleinen Beamten und Fließbandarbeiter.

Es sollte nicht vergessen werden, dass mit der Überwindung der Jäger-Sammler-Kultur auch ein großes Stück Freiheit verloren ging. Niemals kann ein Bauer seiner spontanen Wanderlust stattgeben, denn seine Ernte würde verrotten und sein Vieh müsste verhungern und verdursten. Und auch sonst gab es mancherlei Einschränkungen gegenüber dem freien Leben Abels. Es steht davon freilich nichts in der alten Bibel, was die Brüder Abels so alles miteinander teilten: das Essen, die Lebenslust und ihre Frauen. Denn sie waren sportlich und gesund. Man kann heute noch an ihren Zähnen ablesen, dass sie in keiner Weise degeneriert waren und so konnten sich in alten Zeiten auch Bruder und Schwester in zärtlicher Weise einander zuwenden.

Wer der Vater eines Kindes war, konnte man später ja an der Ähnlichkeit ablesen und Inzucht war da noch kein Thema, das Angst verbreitete. Es soll auch heute noch Völker auf einem ähnlichen Steinzeitniveau geben, die ihre Lebensfreude auf diese Weise ungehemmt ausleben.

Die Kinder Kains hatten da mit ganz anderen Problemen zu raufen. Das Längenwachstum ging zurück und die Zähne wurden durch die genossenen Kohlenhydrate schlechter. Die Vermehrung innerhalb des Stammes führte sehr bald zur Gefahr von Inzucht. Und es musste nicht nur die Ernte eingebracht und das domestizierte Vieh versorgt werden, man musste sich auch die Mitarbeit der Kinder sichern, ohne die die anfallende Arbeit nicht zu bewältigen war und das nicht nur für heuer, sondern auch für die kommenden Jahre.

"Und wenn du einmal nicht mehr lebst, darf ich dann dein Feld weiterführen?" Diese an sich harmlose Frage, gerichtet an Kain, gewinnt erheblich an Brisanz, sobald es mehrere Kinder gibt, die diese Frage stellen könnten. Und erst recht, wenn eines dieser Kinder den anderen so gar nicht ähnlich sieht, womöglich gar die Züge eines besonders hämischen und missgünstigen Nachbarn trägt. Einen an sich schon nicht allzu großen Besitz auf mehrere Kinder aufzuteilen, könnte dazu führen, dass dann keines mehr lebensfähig wäre. Es mussten also Regeln gefunden werden, wie man seinen Besitz nach seinem Ableben weitergeben konnte. Es brauchte ein Recht, das die Verhältnisse untereinander regelte, mit einem Wort es brauchte ein Privatrecht beginnend beim Erbrecht.

Mehr und mehr wurde es aber auch zum Thema, ob man fremde Kinder mit der eigenen Hinterlassenschaft mitversorgen wollte. Nicht immer konnte man mit der Erbschaft warten, bis die Ähnlichkeit mit dem Vater erkennbar wurde. Bei einer Lebensspanne von vierzig oder höchstens fünfzig Jahren gab es im Grunde nur eine Sicherheit über die Vaterschaft und die hieß sexuelle Treue der Mutter. Bald nahmen also die Frauen im Leben ihres Mannes den gleichen Stellenrang ein wie seine Felder und sein Vieh, sie wurden sein Besitz. Und so wie kein Fremder über Kains Feld trampeln durfte, so wurde auch die Untreue der Frau zu einer Art Besitzstörung. Sehr schön steht das noch in der Urfassung der Zehn Gebote: "Du sollst nicht begehren deines Nächsten Frau, noch sein Rind noch seinen Esel und alles was sein eigen ist."

Nachdem der Ehebruch einer Frau schon mit Steinigung bedroht war, ging die Vorsorge dagegen schon weit früher los. Nicht einmal daran denken! hieß das Ziel kultureller Besonderheiten, die von der verhei-rateten Frau forderten, zumindest ihre Haare vor den Augen begehrlicher Männer zu verschleiern. In der letzten Konsequenz um das klare Wissen vom unbeherrschten Mann, der von nichts mehr in Versuchung geführt werden kann, als von den eigenen Augen, hatten sich schließlich die Frauen total zu vermummen. Diese Verpflichtung zur Burka wird heute noch immer als religiöse Pflicht der Frau in islamischen Ländern angesehen, obwohl davon kein Wort im Koran steht. Man kann sich lediglich damit trösten, dass Religionen ihre Anhänger schon immer als gewissenlose Schurken und verworfene Sünder angeschaut haben, es wäre doch sonst die religiöse Unterweisung gar nicht erforderlich geworden.

Der Zaun um das Grundstück, die Eintragung im Grundbuch und der Keuschheitsgürtel des strengen Eherechts haben also alle den gleichen Zweck: sie sollen den Besitzer vor unliebsamen Übergriffen schützen und insbesondere natürlich vor der Zeugung von Kuckuckskindern. Angst und Unsicherheit des Mannes über seine biologische Funktion lassen sich durch solche Maßnahmen allerdings kaum beseitigen. Er ist von der Natur noch immer verhalten, seine Gene rasch unters Volk zu bringen und danach schleunigst zu verschwinden, damit ihm die holde Weiblichkeit nicht ganz schnell den Garaus macht, wie es der Drohne oder dem Männchen der Gottesanbeterin üblicherweise passiert.

Die Ermordung Abels hat zwar nicht allein und ausschließlich das Böse in die Welt gebracht, sehr viel von dem, was wir aber heute in unserer Welt als negativ bewerten, ist aber auf die sozio-kulturelle Umkrempelung durch die neolithische Revolution zurückzuführen. Die Entwicklung des Patriarchats, die Überbewertung des Eigentums, also des Reichtums durch die herrschenden Kasten und das Ungleichgewicht zwischen der ersten und der dritten Welt sind ganz sicher späte Folgen dieser ersten Revolution in der Menschheitsgeschichte.

Ganz sicher hat sich durch die jungsteinzeitliche Revolution die Vorstellung entwickelt, dass eine Sache mir allein gehört und nur mir, dass Grund und Boden ebenso wie etwa Werkzeug und Waffen im Eigentum von jemandem stehen müssen. In einer Welt, die im Denken der Menschen von Mangel beherrscht wird, wird der Besitz zum zentralen Denkinhalt. Es gab zwar ein Gefühl von Scham, wenn der reiche Prasser den armen Lazarus anschauen musste, das gab aber auch ein Gefühl von Überlegenheit und Freude über den eigenen Reichtum. Der laut oder leise erhobene Vorwurf, der Reichtum sei auf Kosten der Armen erworben worden, führte aber nicht zu einer gerechteren Eigentumsverteilung, er führte vielmehr zu einer Verdrängung der eigenen Schuld an der Armut anderer. Dieser Unlust entging man früher oder später durch die Anonymisierung des Reichtums: Eine Stiftung oder eine Aktiengesellschaft gehört niemandem, sie gehört sich selbst. Die Nutznießer, die Aktionäre sehen mit Sicherheit niemanden mehr leiden! Sie erwarten ganz anonym von der Führungsriege ihres Unternehmens Gewinn, egal wie der auch zustande kommt! Den dabei anfallenden Müll bekom-men die Fische, die ihn bedauerlicherweise schlecht vertragen.

13. Unser Verhältnis zu Sexualität und Moral (2008)

(Abschnitt aus dem Buch: Die Liebe einer missbrauchten Frau)

Wenden wir uns jetzt den gesellschaftlichen Rahmenbedingungen des Missbrauchs zu und unseren Moralvorstellungen über die Sexualität. Diese werden ja oft genug als Moral schlechthin mit ihrem Gegenteil, dem Sittenverfall, in einem Atemzug genannt.

Oder um es etwas direkter zu formulieren: dass zum Thema Missbrauch kaum jemand Worte fand und das durch Jahrhunderte, gleichzeitig jedoch der Mangel an Moral – und gemeint ist damit natürlich der Sex und die Lust und die ganze schmutzige Gier der Unmoralischen – in vielen Büchern beklagt wurde, das ist schon eine ganz erstaunliche Perspektive auf das menschliche Urteilsvermögen mit seiner Fähigkeit, an den wirklich wichtigen Dingen des Lebens ganz gezielt vorbeizuschauen. (Auch das ist für mich ein heftiges Indiz für unser gespaltenes, ambivalentes Verhältnis zur Sexualität.)

Ein Blick in die Geschichte

Es lohnt sich wohl, einen kleinen Blick in die Geschichte zu tun und zu erkunden, wie man in früheren Zeiten mit der Moral und der Sexualität umgegangen ist. Denn dieses Thema ist älter als das Papsttum und auch die allenthalben übliche Schuldzuweisung an die Adresse der christlichen Kirchen, sie würden das Leben durch ihre verbohrte Sexualmoral seiner Freuden berauben, ist nur bedingt richtig.

Wenn von Sexualmoral die Rede ist, dann ist in der schönen Regel auch vom Sittenverfall und in weiterer Folge vom Niedergang des ganzen Volkes die Rede. Tatsächlich lässt sich eine historische Parallele durchaus herstellen, wenn man beobachtet, dass zunehmender Wohlstand in einem Reich für gewöhnlich mit einer Lockerung der Sitten und vermehrter Promiskuität Hand in Hand ging mit dem Niedergang des jeweiligen Reiches.

Daraus allerdings den Schluss zu ziehen, die Ursache hierfür läge in ausschweifenden, sexuellen Orgien ist mit nichts zu begründen außer mit dem menschlichen Drang, einen verwerflichen Umstand oder auch nur irgendeinen Schuldigen für den unerwünschten Zustand verantwortlich machen zu können.

Die Tatsache hingegen bleibt aufrecht, dass Reiche kommen und gehen und dass ihr Gehen für gewöhnlich von einer gelockerten Sexualmoral begleitet wird. Wenn Reiche müde werden, lässt ihre Aggressivität nach und nimmt das Wohlleben zu. Die Ausübung freier Sexualität ist aber dafür nicht die Ursache sondern eine Begleiterschei-nung, das soll hier bewiesen werden.

So wurden die kleinen Reiche der Griechen vom Großreich der Römer abgelöst und so mancher Kleingeist der späteren Zeit sah als *einzige* Ursache dafür die weit verbreitete Knabenliebe beim höchst stehenden Kulturvolk der Antike. Eineinhalb Jahrhunderte später hatte sich das römische Imperium so weit stabilisiert, war der Lebensstandard so hoch geworden, dass auch hier eine gewisse Verweichlichung einsetzte und mit ihr der so oft beschuldigte Sitten-verfall.

Lobend hob Tacitus die hohe Moral des wilden Urvolks der Germanen hervor, wo es unstatthaft sei, dass sich ein Mann vor dem 20. Lebensjahr einer Frau nähere. Wüsste man sonst nichts über den Zustand des römischen Reiches, man wüsste schon aus dieser Äußerung genug. Die Orgien Roms waren ohnehin Legende.

Später, in der Nacht vor der Schlacht an der Milvischen Brücke aber erschien dem Kaiser Konstantin ein Engel, zeigte ihm ein Kreuz und verhieß: „In diesem Zeichen wirst du siegen!" Einmal abgesehen davon, dass zu diesem Zeitpunkt ein auch nur mäßig begabter Politiker bereits begreifen hätte können, dass auf Dauer gegen die vielen Christen im Reich nicht mehr zu regieren war, muss das Kreuz am nächsten Morgen für die vielen Christen in seinem Heer eine mächtige Motivation gewesen sein und prompt wurde der heidnische Maxentius mit seinen bösen Mannen vernichtend geschlagen.

Diese Schlacht markiert einen politischen Wandel, jedoch keineswegs einen umfassenden Wertewandel, denn ab nun verband sich das christliche Gedankengut mit dem römischen Imperialismus, der dem römischen Staat zwar keine nachhaltige Stärkung zukommen lassen sollte, der jungen christlichen Kirche hingegen jedoch eine gewissermaßen „imperialistische Sexualmoral".

Als das Imperium müde geworden war, wurde es von den Germanen abgelöst, die zumindest bis zum Hochmittelalter auch unter dem Einfluss der christlichen Kirche eine gewisse Sittenstrenge im Volk aufrechterhalten konnten. Bei den Herrschenden allerdings galten auch hier andere Gesetze wie man aus der rechtlichen Zuordnung von Kind und Kegel ablesen kann (letztere sind auch Kinder, aber außer-eheliche!).

Es gab Zeiten in den germanischen Reichen, da war der außereheliche Beischlaf von Unfreien, also Knechten und Mägden mit dem Tode bedroht. Gegen Ende des Mittelalters hatte sich das Bild aber gewaltig geändert. Öffentliche Bäder und Bordelle gab es genug und das alles gehörte zum moralisch unbedenklichen Alltag. Die Kirche mit ihren Warnungen stand auf verlorenem Posten, erhielt jedoch bald nach der Entdeckung Amerikas Unterstützung von absolut unerwarteter Seite, von der Syphilis. Im Vergleich zu diesem Einbruch der Volksgesundheit ist die heutige AIDS-Seuche geradezu harmlos.

Immer standen sich in der Geschichte und auch heute zwei Grundströmungen gegenüber: Der Hedonismus mit seiner Empfehlung, das Leben und all seine Anteile zu genießen, so lange man nur kann, und die Askese, die eine Entwicklung des Menschen zum reifen und ganzen Menschen nur auf dem Wege des Verzichtes zu verwirklichen sah. Muss man aber dem Hedonismus die reale Gefahr der Verweichlichung anlasten, weil eine Orgie ja nicht nur aus sexuellen Handlungen besteht, so führt die Askese wohl nur bei wenigen Erleuchteten zu einer Läuterung ihrer Seelen, bei den meisten übrigen hingegen eher zu einer kräftigen Steigerung ihres Aggressionspotenzials.

Letztlich muss jeder für sich entscheiden, welche der beiden Möglichkeiten für ihn die angemessene Lösung ist, letztlich sind aber auch beide eine solch extreme Position, dass sie in der reinen Form von einem halbwegs normalen Menschen auf Dauer so oder so nicht gelebt werden können.

Die Funktionen der Sexualität

Unbezweifelt hingegen ist Sexualität der Anfang unseres Lebens, es sei denn wir wären in der Retorte gezeugt. Und unzweifelhaft hat sie zwei Funktionen, nämlich die der Zeugung von Nachkommenschaft und die der körperlichen Lust. Wie kann man also auf die Idee kommen, dass sie etwas Schmutziges, Anstößiges sei? Beginnt das womöglich mit der Entdeckerlust des Kleinkindes, das seine Genitalien mit dem gleichen Interesse erkundet wie seine Ausscheidungen? Und weil die beiden nun einmal in so unmittelbarer Nähe angesiedelt sind, werden sie durch wiederholte elterliche Pfuis gleich in den moralischen Untergrund verbannt. Ein Rest dieser Pauschalierung hat sich sogar in die Medizin gerettet, die gelegentlich etwas undifferenziert vom Urogenitaltrakt spricht.

Das Attribut „schmutzig" mag schon seine Berechtigung gehabt haben in jenen Zeiten, wo es üblich war, zweimal jährlich ein Bad zu nehmen und die übrige Hygiene der lieben Mutter Natur zu überlassen. Doch scheint es fast so, als würden in unseren Zeiten mit ihren hervorragenden hygienischen Bedingungen zwiespältige Verdammungsurteile über Sexualität deshalb nicht weniger geworden sein. Das ist wohl nicht mehr mit Schmutzängsten allein zu erklären.

Ich glaube, es darf als unbestritten gelten, dass mit Sexualität immer noch sehr viele Gefühle von Abwertung verbunden sind. Oft ganz subtil finden sich Hinweise in Redewendungen, in Schlagern aber auch in vorgeblich seriöser Literatur.

In einem pseudowissenschaftlichen, amerikanischen Buch über Gesundheit habe ich einmal in einer Fußnote gelesen, dass kein tierisches Weibchen, nachdem es einmal trächtig geworden ist, das Männchen noch zuließe und das habe einen guten Grund. Auch die Menschen sollten den Geschlechtsverkehr meiden, sobald die Frau schwanger geworden sei, da bei jedem Orgasmus der Frau die Sauerstoffzufuhr durch die Nabelschnur für Sekunden unterbrochen werde und das sei sicher nicht gut für den Fötus, damit würden die Voraussetzungen für eine Hirnschädigung des Kindes geschaffen.

Also wenn die Autorin glauben sollte, dass behinderte Kinder auf Grund von Sexualität geboren werden, dann muss ich ihr absolut recht geben: Behinderte werden ganz ohne Frage deshalb geboren, weil ihre Eltern Sex hatten! Eine Hirnschädigung allerdings braucht als Voraussetzung mindestens drei Minuten extremen Mangel an Sauerstoff!

Sexualität in steinzeitlichen Kulturen

Wenn wir genauer nach den Hintergründen der Sexualfeindlichkeit fragen, werden wir bei Erich Fromm fündig. In seiner „Anatomie der menschlichen Destruktivität" vergleicht er Völker auf Steinzeitniveau und ihre Gemeinschaftsstrukturen hinsichtlich ihres Verhältnisses zu Eigentum und Aggressivität. Dabei wird jedoch auch ein spezifisches Verständnis der Sexualität erkennbar.

Nichtaggressive Völker weisen dem Eigentum nur geringe Bedeutung zu, favorisieren aber die Lebensfreude und mit ihr auch das Erleben einer relativ freien Sexualität, ohne dass dadurch der Bestand der Ehen gefährdet würde. Obendrein kommen solche Völker ganz ohne Strafrecht aus. Ihre Grundstimmung kann als lebensbejahend und heiter beschrieben werden.

In aggressiven Gesellschaftssystemen hingegen hat der Erwerb von Eigentum höchste Bedeutung, es muss allerdings durch ehrliche Arbeit geschehen. Bei diesem moralischen Gewicht auf dem Wert der Arbeit ist es nicht verwunderlich, dass die Sexualität gewissermaßen nebenbei passiert, sie dient lediglich der Zeugung von Nachkommenschaft und bleibt daher dem intimsten Rahmen der Familie vorbehalten. Deshalb sind in solchen Gesellschaftssystemen sexuelle Obszönitäten ebenso strafbar wie Eigentumsdelikte. Bei solchen Völkern ist die Grundstimmung dementsprechend beständig-fest bis angespannt.

Kompliziert aber wird es bei den aggressiv-destruktiven Gesellschaftsformen. Sie zeichnen sich durch ein hohes Maß an Ambivalenzen in den meisten Bereichen der Sitte aus.

Eigentum ist hoch bewertet, aber dumm ist jeder, der selber dafür arbeitet, und klug ist der, der seinen neuen Reichtum anderen abgeluchst hat. Der Betrug ist natürlich strafbar aber der erfolgreiche Betrüger hat wegen seiner Intelligenz die Bewunderung seiner Umgebung. Mord ist ebenso strafbar und doch ist er an der Tagesordnung.

Misstrauen ist eine lebensnotwendige Charaktereigenschaft, will man in einem solchen Umfeld überleben. Die Vortäuschung von Freundschaft zwecks Einschläferung des Misstrauens wird dann erforderlich, will man selbst jemand um die Ecke bringen. Vertrauen gibt es daher nur im engsten Kreis um die Mutter, sogar Eheleute müssen voreinander immer auf der Hut sein.

Das Leben ist grausam und hart bei so viel Feindseligkeit und Spaß gibt es in diesem Leben überhaupt nur in einem Fall und das ausgerechnet in der Sexualität. Es ist aber unzulässig, das zuzugeben oder womöglich gar damit zu prahlen, denn das Leben ist grausam und der Sex ist genauso anrüchig wie jede andere Lebensfreude. Doch wer sich einmal den heimlichen Ruf eines Erfahrenen auf diesem Gebiet erworben hat, der wird womöglich noch mehr bewundert als der erfolgreiche Betrüger. Er muss sich nur weiterhin in der Öffentlichkeit schön prüde geben und darf diese scheinheilige Doppelmoral nicht enttarnen, dann wird er weiterhin zu seinem Spaß kommen.

Völker mit dieser Gemeinschaftsstruktur sind in ihrer Grundstimmung misstrauisch bis paranoid. Ihre Mitglieder bewähren sich in schärfster Konkurrenz, auch wenn sie dabei durch ein scharfes Strafrecht eingeengt werden. Jeder ist des anderen Feind und um das zu vertuschen wird nach außen hin eine fröhliche und sogar salbungsvolle Fassade gepflegt. Der Erfolg ist alles, doch niemand darf genau wissen wie erfolgreich man wirklich ist und daher gibt es ein strenges „Bankgeheimnis".

Der Nutzen der Sexualfeindlichkeit

Die Parallelen zu unserem eigenen Gesellschaftssystem sind wohl unübersehbar, auch wenn sich in Europa in den letzten vierzig Jahren unser Verhältnis zur Sexualität deutlich liberalisiert hat. Trotzdem herrscht noch immer ein undurchdringliches Gestrüpp von Spielregeln, die nur das eine Ziel verfolgen: der äußere Anschein muss gewahrt bleiben. Man schätzt den Verrat und ächtet den Verräter, um nicht selber ins Kreuzfeuer zu geraten.

Nichtaggressive Völker leben mit der Natur im Einklang, destruktive hingegen beuten sie aus und zerstören sie auch. Sexualität ist bei ihnen nicht Teil der Natur sondern eher Selbstbestätigung und Stressabfuhr. Sie ist das Zeichen ihrer Einsamkeit und nicht das Glück der Zweisamkeit.

In allen Konsequenzen durchdacht heißt das, Aggressivität ist die Voraussetzung für Erfolg und Erfolg ist die Voraussetzung für Sexualität. Liebe ist daher mit den Augen der Aggressivität betrachtet eine Illusion, die Sehnsucht sentimentaler Weiber. Jetzt wird auch in unserer Sittengeschichte einiges deutlicher: Wenn ein Volk im Begriff ist, andere Völker kriegerisch zu unterwerfen, dann kann man keine Weichlinge brauchen, die mit dem Schlachtruf „Liebe" in den Krieg ziehen. Die mächtige Sexualenergie muss zurückgestaut und sublimiert werden, sie soll als aggressive Energie den Krieg gewinnen helfen und dann können wir uns um solche Nebensächlichkeiten wie den Genuss von Sexualität kümmern.

Nicht selten wurden den Siegern von ihren Führern vor der entscheidenden Schlacht die Frauen der Unterlegenen als Beute versprochen. Unsere Geschichte – und nicht nur die ältere – ist voll von Berichten über solche Vergewaltigungen. Mit der Zunahme der Aggressivität wird also die Sexualität umgewertet zur aggressiven Triebabfuhr. Dieser Denkablauf kann so automatisiert werden, dass für die Liebe in einem destruktiven Gesellschaftssystem praktisch kein Platz mehr bleibt.

Da sie jedoch zu den stärksten Mächten in der menschlichen Seele zählt und daher nicht ohne weiteres aus dem Leben eliminiert werden kann, kommt sie in Gestalt von pervertierter Phantasie durch die Hintertür wieder zurück und wir finden sie emotional beladen im Film wieder: Wenn einer ein großer Kämpfer ist, dann ist er auch ein großer Liebender. Und je aggressiver er ist, umso liebesfähiger ist er auch .....

Sexualmoral in diesem Sinne hat also mit absoluten Werten nicht mehr gemein als die Produktion von Waffen mit dem Ackerbau. Sexualmoral scheint das zu sein, was in einer Gesellschaft als nützlich und hilfreich zur Erreichung anderer Ziele empfunden wird.

Leibfeindlichkeit und Ablehnung der Lebensfreude sind damit nur Kennzeichen einer destruktiven Gesellschaft und keineswegs gottgewollte Werthaltungen. Die christliche Kirche ist folglich nicht der Erfinder der Sexualmoral, sie ist vielmehr in den Zeiten des alten Rom auf einen fahrenden Zug aufgesprungen und hat zusätzlich zur bereits vorhandenen jüdischen Moral unbewusst die dort gültigen Werte der römisch imperialen Aggressivität in ihr Programm übernommen, wie man später beobachten konnte. Das kirchliche Versprechen, die alte, strenge Moral wieder aufzurichten, war vermutlich die Gegengabe an den römischen Staat, die das Imperium jedoch nicht mehr retten konnte.

Sexualität ist Leben. Doch die Sexualität wird vom Imperium des Staates und der Kirchen seit jeher so nachhaltig unterdrückt, dass sie in der Persönlichkeit des Individuums unterdrückt bleibt und sich daher oft nur mehr äußern kann in der Lust mit machtunterworfenen Kindern. Die Wurzel dieses Verhaltens ist Feigheit und diese ist das Ergebnis und zugleich die Kehrseite des Imperiums und seiner lebensfeindlichen Haltungen. Der Sex ist in Wahrheit sichtbar nicht zum Ruhme Gottes verpönt worden, sondern vielmehr zum Nutzen machtgieriger Menschen in aggressiven Staaten, vor zweitausend Jahren ebenso wie heute.

Nachdem aber die Kirchen seit jeher die Träger vieler Wertentwicklungen waren, hat sich die Geschichte des Abendlandes hinsichtlich seiner politischen Kultur und seiner Rechtssysteme maßgeblich immer wieder am Bild des alten Rom orientiert. So also kommt der Abendländer von Kindesbeinen an auf zwei Schienen in den Genuss aggressiver Werthaltungen, auf der kirchlichen und der politischen.

Das ist nach wie vor unser soziales Umfeld (auch wenn der Einfluss der Kirchen zurückgeht), dessen Werthaltungen wir zwangsläufig teilen, bis wir bereit sind, unsere eigenen Werte herauszubilden. In der Erziehung unserer Kinder jedoch spielt das Erlernen von Misstrauen und Abgrenzung zum Selbstschutz sowie der entsprechenden Machtdemonstrationen für die „unentbehrliche Überlegenheit der Starken" eine ebenso entscheidende Rolle wie die Tabuisierung der Sexualität. Es ist die gesamte Umgebung, die diesem unbewussten Wertesystem unterliegt, und die Eltern gehören, wenn sie nicht über besonders viel Bewusstheit verfügen, zu dieser Umgebung, die die Zwiespältigkeit unseres Verhältnisses zur Sexualität lebt und an den Nachwuchs weitergibt.

Im Bestreben, ihre Kinder besonders gut für das Leben zu rüsten, garnieren die Eltern den destruktiven Brei vielleicht auch noch mit ihren persönlichen Erfahrungen und den dementsprechenden Warnungen. Eine moralische Hürde etwa in der Form: Sex ist Pfui! Wäre nämlich noch relativ leicht zu überwinden. Wird aber diese Moral überdies mit Angst verbunden, wie: „Männer sind böse, pass nur auf, was sie dir antun werden!", dann wird die Wirkung auf das kleine Mädchen unvergleichlich stärker sein.

Sexualität und Angst, das ist ein Kuchen, von dem man nie ganz weiß, was da alles hinein verbacken worden ist. Und der Zuckerguss oben darüber, die Sexualmoral, hat eindeutig den Sinn, von den Inhalten des Darunterliegenden abzulenken. Denn je heftiger sich jemand über einzelne Sünder oder auch über die schlechten Sitten ganz allgemein entrüsten kann, umso schamloser gibt er auch sein wahres Interesse für den Sex preis. Prüderie ist mithin ein gesellschaftlich scheinbar tolerierter Weg, sich über Sexualität eifrig Gedanken machen zu können, ohne sich mit deren Schmutz zu besudeln.

Gerade in einem Klima von Prüderie kann man davon ausgehen, dass das Thema von ganz besonderem Interesse ist und dass dieses Interesse mit dem Grad der verwendeten Aufmerksamkeit gesteigert wird. Wenn also Sexualität als Reizthema in allen Gesellschaftsschichten latent vorhanden und im selben Maß auch verpönt ist, dann kann sich ein vernünftiger Mensch gar nichts anderes erwarten als unsere zwiespältigen Vorstellungen von der Sexualität.

Die Verquickung von Angst und Sexualität wird in Gestalt von Tabuisierung deutlich, wenn es gesellschaftlich verboten ist, über bestimmte Dinge zu reden. Dinge, die man sich nicht anzuschauen getraut, weil sie Angst machen. Das führt zu vielfältigen Vermeidungshaltungen, die umso stärker ausgeprägt sind, je schwächer sich ein Mensch in Wahrheit innerlich fühlt.

Die menschheitsgeschichtliche Erfahrung scheint zu lauten, dass der nicht auf Gewalt verzichten kann, der auch nicht auf Sexualität verzichten kann. Zu oft in der Geschichte der Menschheit ist die für die Vollziehung der Sexualität erforderliche, geringe Aggressivität überzogen worden und der Akt in Gewalt ausgeartet, wo eigentlich Liebe erwünscht war.

Und wie so oft hat die Menschheit daraus eine Erfahrung abgeleitet, die dem Thema nicht unbedingt dienlich war. Komplizierte Rituale bei der Nahrungsaufnahme waren die Folge und die Vermeidung aller Handlungen, die in irgendeiner Form symbolisch auf den Zusammenhang von Sexualität und Aggressivität hinweisen könnten. Nicht die Aggressivität selbst sondern jeder äußere Anschein von Aggressivität muss dabei vermieden werden. Das ist die gleiche Heuchelei wie wenn eine destruktive Gesellschaft Aufrichtigkeit vorzutäuschen versucht.

Und zur Beruhigung des Gewissens kommt obendrauf die Glasur der logischen Erklärung, der Rationalisierung, die den Inhalt mir nichts dir nichts der hellhörigen Hinterfragung bewusst wertender Zeitgenossen entziehen soll. Natürlich ist ein Messer abzuschlecken nicht deshalb tabuisiert, weil das angeblich gefährlich ist und man sich in die Zunge schneiden könnte und selbstverständlich dürfen Kartoffeln nicht deshalb nicht mit dem Messer zerkleinert werden, weil dadurch Roststellen sichtbar werden könnten.

Diese „Fehler" sind deshalb untersagt, weil sie auf einen verdrängten Zusammenhang zwischen Sexualität und oraler Aggressivität hinweisen. Auch wer öffentlich in der Nase bohrt (und sei es nur bei Rot vor der Ampel), weist unbewusst darauf hin, dass er soeben eine seiner sexuellen Reflexzonen stimuliert, wodurch sich seine lieben Mitmenschen ebenso unbewusst unangenehm berührt fühlen.

Sich gar im hellen Tageslicht selbst auf das Genitale zu greifen, was nicht nur kleinen Buben im Kindergarten passiert, wenn sie durch ein äußeres Ereignis verunsichert werden, wird naturgemäß von der Umwelt als Provokation empfunden und ist daher Gegenstand intensivster Selbsterziehung.

Ebenso wie die Tatsache der Notwendigkeit von Körperausscheidungen tunlichst und mit dem Anflug von Peinlichkeit in jenen unheiligen Bezirk abgedrängt wurde, über den man nicht spricht. Auch dahinter verbirgt sich ein ganz gewöhnlicher Mechanismus, von Menschen gemacht zur Gewinnung von Macht: wer zur besseren Gesellschaft gehören will, muss einfach über die Sensibilität verfügen, dem werten Mitmenschen nicht durch den Ausdruck seiner Körpergefühle Peinlichkeit zu bereiten.

Was denkt der liebe Gott über Sex?

Wohin immer man blickt, man erkennt eine Vielzahl von menschlichen Anordnungen, die dem Menschen dann nützen, wenn er sich einer bestimmten Denkrichtung verbunden fühlt. Und – geht man davon aus, dass die Bibel von Menschen geschrieben worden ist – man erkennt in all dieser Moral eigentlich nirgends, welcher Meinung wohl unser lieber Gott ist, wenn es um menschliche Sexualität geht. Dabei wird gerade er so fleißig bemüht, um die menschlichen Vorstellungen von Sexualmoral mit der nötigen Autorität zu versehen.

Die Unfähigkeit, über die gewohnte Leibfeindlichkeit hinaus zu denken und das dahinter stehende aggressive Paradigma aufzulösen, zwang schließlich die Theologen seit zwei Jahrtausenden zu argumentativen Verrenkungen, ohne wirklich eine Begründung dafür zu finden, warum das, was so sündhaft sein soll, zugleich so viel Spaß macht und welches Ziel Gott damit wohl verfolgt.

„Der Mann wird Vater und Mutter verlassen und einem Weib folgen und beide werden ein Fleisch sein." sagte Jesus, wohl um nicht zu sagen: Sexualität ist einfach da. „Wenn du die Frau deines Nächsten nur begehrlich anschaust, hast du die Ehe schon gebrochen." dient auch nur dem Schutz der Liebe zwischen zwei Menschen und nicht der Verurteilung der Sexualität.

Meines Erachtens findet sich in der Bibel kein wirklich brauchbarer Hinweis auf eine abwertende Meinung Gottes zu diesem Thema, sowohl was seine Anwendung auf Hund und Katz, noch was die Sexualität des Menschen angeht.

Der einzige „moralische" Unterschied ist wohl der, dass im Tierreich der Sex in der Hauptsache von den Männchen zum Zwecke der Lust betrieben wird, von den Weibchen aber in erster Linie zur Zeugung von Nachkommenschaft. Und das alles unter der Steuerung des Instinktes und nur zu festgelegten Zeiten im Jahreskreis.

Der Menschenfrau ist es vorbehalten, Gleichheit mit dem Mann zu leben und wie er einen Orgasmus bekommen zu können, somit das gleiche, wenn nicht gar ein größeres Maß an Lust zu erleben wie er. Damit aber wird die Sexualität zu mehr als nur zur Trieb- und Fortpflanzungsfunktion, sie wird zur Lust für beide. Gerade das verweist auf die prinzipielle Gleichheit der Geschlechter, somit auf die Chance zu einer echten Polarität der Liebesbeziehung. Einer Frau den Orgasmus zu verwehren, hieße sie auf die Stufe des tierischen Weibchens zurückzustoßen!

Männer, mit ihrer Neigung zur Unsicherheit, können sich dadurch bedroht fühlen und mittlerweile sind auch dem durchschnittlich Gebildeten die Auswüchse dieser Angst bekannt, wenn in einzelnen primitiven Völkerstämmen aus Anlass der Konfirmation Rituale vollzogen werden, die allerdings geschlechtsspezifisch höchst unterschiedliche Ziele verfolgen.

Verliert der Jungmann an der Schwelle zum Erwachsenen lediglich die Vorhaut an seinem Penis (was in heißen Zonen durchaus als sinnvolle hygienische Maßnahme zu werten ist), so werden den jungen Mädchen bei dieser Gelegenheit auch gleich die kleinen Schamlippen und die Clitoris entfernt. Damit ist sichergestellt, dass sie später beim Verkehr mit ihrem eigenen Mann wahrscheinlich keine außerordent-liche Lust empfinden und daher glauben werden, das sei normal für die Frau. Dadurch wiederum ist ein guter Teil des Anreizes aus der Welt, sich einem anderen als dem eigenen Mann hinzugeben. Grausamkeit, Dummheit und Kurzsichtigkeit, und das alles im Namen Gottes, der die Menschen liebt! Jeder Hahn, jeder Bulle und jeder Schimpanse sucht den Sex mit dem Ziel Triebabfuhr, aktiv wird er aber nur, wenn das Weibchen bereit ist. Jeder (einigermaßen ernstzunehmende) Mann weiß hingegen, dass das Vergnügen ein Vielfaches ist, wenn die Frau nicht nur stillhält, sondern die Lust im gleichen Maß mit ihm teilen kann. Genau das Erleben dieser Lust bei der Frau sucht ein Mann (es ist nach neuesten empirischen Unter-suchungen sogar das wichtigste Bedürfnis des Mannes beim Sex!), weil diese Lust in ihm ein ganz bestimmtes Gefühl auslöst.

„Du sollst nicht ehebrechen!" sagt das Alte Testament und das ist recht leicht als menschliche Norm zu interpretieren, wenn man bedenkt, wie oft sich an den Ehebruch Mord und Totschlag knüpfen; Taten, die in der Regel von Männern begangen werden und deshalb werden für den Ehebruch nur die Frauen gesteinigt und nicht die Männer. Die setzen sich den Gefühlen ihrer Minderwertigkeit in Gestalt von Eifersucht aus und machen sich daher ihre Strafen selber. Dieser Widersinn ist noch eher als logisch denn als göttlich zu betrachten!

Ein ansonsten völlig unbedeutender Herr ist durch das Alte Testament auch zu Unsterblichkeit gelangt. Sein Name war Onan und sein überragendes Wirken bestand darin, den Coitus zur Vermeidung einer Schwangerschaft so zeitgerecht zu unterbrechen, dass er seinen Samen in den Sand ergoss. In der schweren Sünde des Onanierens hat er die Zeiten überlebt und war sich gewiss nicht bewusst, dass jene Handlung, die später seinen Namen tragen sollte, von besonders Moralbeflissenen sogar mit der Gefahr von Rückenmarksschwund und Gehirnschrumpfung versetzt wurde, um allzu leichtfertige Knabenhände zeitgerecht dem Drill ihrer Pädagogen zu unterwerfen.

Und wiewohl im Mittelalter die Verehrung des Präputium Dei hoch im Kurs stand (das ist jenes Stückchen Haut, das Jesus anlässlich seiner Beschneidung entfernt wurde), war doch die menschliche Nacktheit so verwerflich, dass sogar die alpine Erfindung der Schwitzküche an den äußersten Rand Europas verbannt werden musste. Von dort kam sie viele Jahrhunderte später als finnische Sauna wieder zu uns zurück.

Jetzt bin ich aber noch immer auf der Suche nach dem wahren Willen Gottes hinsichtlich der menschlichen Sexualität. Wir haben gesehen, dass bei aggressiven und erst recht bei destruktiven Volksgemein-schaften die Sexualität zumindest vordergründig abgewertet ist. So gibt uns also auch das Alte Testament nicht den Willen Gottes kund, sondern es klärt uns nur auf über die menschlich-jüdische Gesell-schaftsordnung und über deren Vorstellung von Gott.

Er war ein rächender, strafender Gott, um nicht zu sagen, er war ein entsetzlich dünnhäutiger Gott, der dazu neigte, auch wegen Kleinig-keiten beleidigt zu sein und sein Strafgericht anzudrohen. Diese wenig löblichen Eigenschaften behielt er noch lange bei; darf man der so genannten Neuoffenbarung Glauben schenken, dann sogar bis ins 19. Jahrhundert, bis Jakob Lorber. Um der Heiligkeit (oder Gefährlich-keit) der Sexualität gerecht zu werden, war dem Manne aufgetragen, ein Gebet zu sprechen, sogar zwei Gebete – nämlich bevor und nachdem er seiner Frau beigewohnt hatte.

In neuerer Zeit allerdings sendet uns dieser eigenartige Gott ganz andere Botschaften: „Gibt man einem Kind ein Spielzeug und verbietet ihm dann, damit zu spielen?" (Neale Donald Walsch) Entweder ist unser Gott sehr wandelbar oder hatte doch Ludwig Feuerbach recht: „Und der Mensch schuf Gott nach seinem Eben-bilde!" Auch das ist zumindest ein schöpferischer Gedanke!

Sexualität und Biologie

Sexualität ist Teil jeder höher stehenden Lebensform. Nachdem in der Evolution die Zellteilung und ihre spätere Sonderform, die Sporen-bildung, zur Vermehrung von der Sexualität abgelöst worden war, begann wegen der vielfältigen Möglichkeiten, Erbinformationen von mehreren Individuen miteinander in Verbindung zu bringen, eine stürmische Entwicklung, die im Menschen ihren (vorläufigen) Gipfel-punkt gefunden hat.

Sowohl aus evolutionärer wie auch spiritueller Sicht ist also Sexualität die Basis unseres körperlichen Lebens. Ihre spezielle Doppelfunktion beim Menschen, neben der Arterhaltung auch der Lust zu dienen, ja einen guten Teil der menschlichen Lebenslust mit ihrer Energie zu speisen, lässt mich wissen, dass dieser ganze Bereich ein Teil unserer Natur und damit auch unserer Göttlichkeit ist.

Warum ausgerechnet der Sex aus unserem Leben abgespalten werden soll, ist mir schleierhaft, sobald ich mir nur der Konsequenzen der oben beschriebenen Gesellschaftsordnungen bewusst geworden bin. Mehr noch – Gott hat die Menschenfrau mit einer Besonderheit geschaffen, auf die kein anderes Lebewesen verweisen kann. Mit einem Organkomplex in Gestalt von Clitoris und G-Punkt, der keinem biologischen Zweck dient sondern ausschließlich dem Lusterleben.

Wenn dieser Gott dann die menschliche Sexualität insgesamt, die der Frau jedoch im besonderen mit seinem Bannfluch belegt und mit Hölle und ewigem Feuer bedroht, dann ist er kein Gott sondern ein Idiot und einen solchen möchte ich nicht verehren! Soviel zum Thema Logik.

Eine andere Perspektive zum Thema hat die Medizin zu bieten. Ein erfülltes Sexualleben, und damit meine ich jetzt nicht die simplifizierte Ausgabe nach Martin Luther (in der Woche zwier macht im Jahr hundertvier!), ein befriedigendes Sexualleben also schafft seelische Zufriedenheit und diese ist für die menschliche Gesundheit wichtiger als alle Medikamente und Spitäler, sie ist mindestens so wichtig wie die Vitamine für den Körper.

Unser Körper ist nun einmal so konzipiert, dass unser vegetatives Nervensystem Anspannung und Entspannung im gesunden Rhythmus braucht. Da wir aber nicht mehr wilde Tiere jagen sondern Börsenkurse und Bilanzierungsfehler, ist die Gefahr sehr groß, dass die für uns so wichtige positive Erregung in uns stecken bleibt und dort alle Symptome von Stress auslöst.

Hoher Blutdruck ist nur ein solches Symptom, zu hohe Leerlaufdrehzahl von Herz und Kreislauf wäre ein anderes. Bleibt nun auf Grund einer fehlerhaften Werthaltung auch noch der sexuelle Erregungsimpuls in unserem Vegetativum stecken, dann kann man sich gut vorstellen, dass auf Dauer für unsere Gesundheit negative Auswirkungen entstehen. Prostataerkrankungen beim Mann sind eine solch typische Folge unnützer Enthaltsamkeit.

Sexualität hat also nicht nur bescheiden sportlichen Charakter, sie ist für unsere Gesundheitsvorsorge eine höchst förderliche Unterstützung und hilft bei bestehenden Erkrankungen durch die Ausschüttung von Endorphinen Schmerzen zu lindern und durch die Verbesserung des Gesamtkreislaufs auch die Grundkrankheit besser zu bekämpfen. Das erhöhte Wohlbefinden und das Gefühl von Festigkeit und Stärke, das aus einem regelmäßigen, gelungenen Geschlechtsakt entspringt, lässt endlich eine physisch-psychische Konstitution entstehen, in der auch angreifende Erreger von außen weit weniger Chancen haben.

Allerdings sind sexuell ausgeglichene Menschen mit ihrer hohen inneren Stabilität nicht mehr ohne weiteres von außen beeinflussbar, ihre Gefühle lassen sich nicht mehr so leicht manipulieren oder gar kontrollieren. Sie sind selbst- und nicht fremdbestimmt und gehorchen weit weniger der Politik und der Wirtschaft. Genau das aber ist im Widerspruch zu wirtschaftlichen und politischen Interessen das wahre Ziel jeder menschlichen Entwicklung!

Braucht es eigentlich noch weitere Argumente für die positive Bewertung der Sexualität? Die Vorstellung von der Gefährlichkeit der Sexualität mag sich winden wie ein Regenwurm und voller Wut die Schädlichkeit der Lust an den Pranger stellen! Irgendwann wird sie akzeptieren müssen, dass nicht der Sex den Schaden am Lebendigen bewirkt, sondern die Destruktivität, die nörgelnde Unzufriedenheit, die Aggressivität der Väter und die Grantigkeit der unbefriedigten Mütter, kurzum – die erlernte Lust an der Unlust! Das sagt mir einfach der Hausverstand und die hinlänglich bekannten, körperfeindlichen Argumente stammen aus der Unfähigkeit, die eigene Angst vor der Sexualität und den bösen Menschen beiseite zu stellen und sich auf seine eigene Entwicklung einzulassen.

Es braucht keine Rechtfertigung, um Sexualität zu leben und positiv zu empfinden, sie gehört einfach zur menschlichen Natur und es ist daher absolut nicht notwendig, irgendwelche Mysterien in die körperliche Liebe hinein zu interpretieren.

Wollte man abseits von Lust und Fortpflanzung unbedingt einen (tieferen oder höheren) Sinn darin sehen wollen, dann sind Sexualität und Erotik Geschenke (eines liebenden *und* vernünftigen) Gottes an die Menschen, damit sie ihren Reifungsauftrag annehmen hin zu mehr Toleranz und Fröhlichkeit, zu Offenheit und Herzlichkeit gegenüber Mitmensch und Natur.

In diesem Sinne ist Sexualität positiv, wertvoll und notwendig; sie fördert die Liebe zum Leben und schafft jene Zufriedenheit, die eine Voraussetzung für unser gedeihliches miteinander Auskommen darstellt. Stammesgeschichtlich dürfen wir uns ja sogar mit unseren nächsten Verwandten vergleichen, die, wie aus vielen Beobachtungen der Schimpansen bekannt, einer recht hemmungslosen Promiskuität frönen.

Gerade das aber sehe ich nicht als Freibrief, sondern als Aufforderung. Der Mensch ist etwas substantiell anderes als ein Urwaldaffe und das Motto: „Zurück zur Natur!" wäre in diesem Sinne ebenso kurzschlüssig wie unzulässig. Schließlich würden wir uns auch sonst schön bedanken, wenn wir uns wie einst nur von Früchten, Gräsern und zu gelegentlichen Festtagen von einem rohen Pavianbaby ernähren müssten.

Bemerkenswerterweise hat die Sexualität der noch stärker promiskuitiven Zwergschimpansen neben der Lustfunktion auch die eines sozialen Regulators. Gerät hier ein Männchen aus welchem Grund immer in Rage, dann findet sich sofort ein Weibchen, das ihm von sich aus den Geschlechtsakt anträgt. Damit wird seine Aggressivität gemildert und umgelenkt in ein Verhalten, das das soziale Gefüge der Gemeinschaft nicht nur nicht schädigt sondern im Gegenteil friedlicher macht. Gar nicht so dumm diese weiblichen Affen!

Die Kulturleistung der Menschheit was seine Nahrung anbelangt hat ganz gewiss auch eine Parallele in der Sexualität, wollen wir dem Anspruch einer entwickelten Menschheit genügen. Rein körperliche Lust gibt auf Dauer nichts her, sie ist ein Durchgangsstadium zu einer höheren Form von Lust. Auch die Versuche einer Steigerung mittels aller möglichen Techniken, beginnend bei Reizwäsche und diversen Aphrodisiaka und endend in Partnertausch und Gruppensex sind eine Sackgasse.

Vielmehr wird die Lust erst wirklich zur Lust, wenn sie den ganzen Menschen einbindet, seine Gefühle, seinen Verstand und seine ganze immense Kreativität. Die Freude an der Lust wird tiefer und intensiver, je mehr ich an der Freude und Lust des Partners, meines polaren Gegenstücks teilhaben kann; die Trennung zwischen Ich und Du wird kurzzeitig aufgelöst. Ganz von selber wird damit aber auch der Kreis jener Personen eingeengt, mit denen diese Lust geteilt werden will. Wenn die Quantität der Beziehungen abnimmt, nimmt die Intensität der verbleibenden zu. Das ist keine Frage der Moral sondern der Erfahrung und letztlich der Lebensweisheit.

14. Drei Arten Liebe   (2018)

Wohl kein Wort im menschlichen Sprachschatz wird so oft in den Mund genommen wie das Wort Liebe. Doch nur in seltenen Fällen meinen der Absender der Botschaft und der Empfänger der selben auch den selben Inhalt. Und das kann sehr gefährlich sein, weil unterschiedliche Erwartungen bisweilen auch zu höchst unterschiedlichen Reaktionen führen können. Ich mache einen Versuch, mittels wissenschaftlich festgelegter Begriffe eine Definition der Liebe zu finden.

Da ist erstens die Liebe der Venus:

Bekanntlich gibt es unter den Menschen Männlein und Weiblein. Diese unterscheiden sich vordergründig nur durch ihre unterschiedlichen Geschlechtsmerkmale, welche o Wunder in der Regel auch noch passgenau zu einander finden. Wie Schlüssel und Schloss, um einen der abgegriffensten Vergleiche der Menschheitsgeschichte heran zu ziehen. Ein Mindestmaß an Sympathie zwischen den beiden Trägern von Penis und Vagina genügt, um eine Verbindung herzustellen, die ausschließlich auf wechselseitigen Lustgewinn zur Triebbefriedigung aufgebaut ist. Weil jeden Samstag in der Disco diese Art von beziehungsloser Beziehung ausgelebt wird, ist es wahrscheinlich die häufigste Form von Liebesbeziehung überhaupt. Abseits der bürgerlich-konservativen und katholisch geprägten Moral, die so etwas für minderwertig und verwerflich hält, begegnen sich hier Menschen, die den Arbeitsstress unter der Woche vergessen und harmlosen Spaß miteinander haben wollen. Trifft man sich drei Tage später wieder, dann passiert nichts als ein flüchtiges Hallo und das wilde Lustgestöhn vom letzten Samstag ist vergessen. Man will schließlich keine Probleme haben und die kommen unweigerlich, wenn einer der Beteiligten sich mehr aus diesem Sexualkonsum erwartet hat. Heute entsteht ja bei solcher Gelegenheit normal keine Ehe, über deren Wirkung und möglicherweise unerwünschte Nebenwirkungen dich auch kein Arzt oder Apotheker aufklärt. Der extremste Ausdruck dieser flapsigen One-night-stands findet sich in der Pornographie, die Spaß und Geschäft aber nur scheinbar friktionsfrei zu verbinden versteht.

Exkurs zur Lustfeindlichkeit der Gegenwart:

Die jetzige Sexualkultur ist eine unmittelbare Folge der sexuellen Revolution des letzten Jahrhunderts, ermöglicht von der Pille, die es nun auch Frauen gestattete, sich bedenkenlos der Lust hinzugeben, ohne gleich mit unerwünschten Nebenwirkungen rechnen zu müssen. Trotzdem passiert es auch heute noch, dass unerfahrene Mädchen bei solcher Gelegenheit schwanger werden. Ganz zu schweigen von der Chance, sich dabei einen Erreger einzufangen und sich mit Syphilis, Tripper oder AIDS anzustecken. Der unkontrollierte Einsatz von Penicillin hat leider dazu geführt, dass sich Syphilis und Gonorrhoe auf Grund resistent gewordener Erregerstämme wieder auf dem Vormarsch befinden. Und dem HIV-Virus war mit Penicillin ohnehin nicht beizukommen, obwohl auch da inzwischen große Fortschritte erzielt wurden.

Die unerwünschte Schwangerschaft hat die Gesellschaft gespalten wie kaum ein soziales Phänomen vorher. Die Kirche hat mit ihrer Sexualmoral konsequent nicht nur die Sexualität gebrandmarkt, sondern gleich Mutter und außereheliches Kind mit dazu. Außereheliche Kinder galten als Frucht der Sünde und sie zu verhindern, war eines der vornehmsten Ziele der katholischen Kirche, die sich damit als einer der Hauptanbieter der Lustfeindlichkeit gebärdete. Außereheliche Kinder mittels Kondom oder Pille zu verhindern, galt daher ebenso als gegen den Willen Gottes gerichtet wie natürlich auch die Abtreibung. Folglich wurde eine Vielzahl ungewollter Kinder geboren und sie waren durchwegs Problemkinder, die ihre Reaktion auf die Ablehnung in utero als Ärgernis für die Gesellschaft auslebten. Dass der Religionsstifter seinerzeit erklärt hatte, für einen Menschen, der ein Ärgernis gibt, wäre es besser, nicht geboren worden zu sein, fand bei seinen Epigonen kein Gehör und damit auch keine vernünftige Einordnung in ihre Moral. Einzig die Vermeidung der Lust war der Kirche das Modell, nach dem Lust gelebt werden sollte bzw. durfte.

Das erklärt auch die Haltung der Kirche zum Spezialfall der „Pille danach". Weil unmittelbar nach der Vereinigung von Samenzelle und Eizelle die Seele in dieses neue Wesen eintritt, wurde RU486 und seine Anwendung zum Mord erklärt. Interessanterweise war der

Kirchenlehrer Thomas von Aquin vor 800 Jahren eher noch der Auffassung, dass die Seele erst vom 40. bis zum 80. Tag nach der Befruchtung in die neue Zellkolonie eintritt. Die Kirche von heute weiß ganz offenbar besser, was in Wahrheit kein Mensch wissen kann.

Dass gegen diese rigide Moralauffassung Widerstand entstehen musste, liegt eigentlich auf der Hand. Nur wenige Jahre nach Beginn der sexuellen Revolution durch Einführung der Pille haben sehr viele Staaten ihr Strafrecht liberalisiert und die Abtreibung innerhalb der ersten drei Schwangerschaftsmonate straffrei gestellt. Die sogenannte „Mein-Bauch-gehört-mir-Bewegung" schoss dabei deutlich über das Ziel hinaus und nahm nicht zur Kenntnis, dass sowohl der Fötus wie auch die werdende Mutter heftige Reaktionen auf einen Schwangerschaftsabbruch zeigen. De facto ist die Abtreibung ganz sicher die schlechteste aller Lösungen gegen ungewollte Schwangerschaft.

Der Entstehung der Lustfeindlichkeit habe mich mich anderorts gewidmet (Abel ging ins Licht).

Individualisierte und besitzergreifende Liebesform Eros:

Ich weiß von einer bildschönen, rassigen und sinnlichen Frau vor Jahren, die erklärt hat, sie habe ein Problem, sie habe sich in einen Mann verliebt, dem sie sich bei einer „Venus-Gelegenheit" hingegeben hatte. Wäre ja kein Problem gewesen, aber sie war leider verheiratet und hatte ein Kind.

Das beschreibt den Zustand der Liebesform Eros ganz gut. Eros oder römisch Amor war der Gott, der Menschen hinterrücks mit seinen Pfeilen traf und sie damit der Verliebtheit anheim gab. Im Gegensatz zur Liebe der Venus, die sich an keinen bestimmten Adressatenkreis richtet, spannt sich die erotische Beziehung nur zwischen zwei Menschen aus. Sie schließt sogar alle anderen aus dieser Beziehung aus und wenn sich jemand dazwischen drängt, entsteht Eifersucht. Dieser exklusive Besitzanspruch trägt daher immer eine Machtkomponente in sich. Sigmund Freud sah darin sogar ein sadistisches Element. Der Partner und die Partnerin versuchen notfalls mit Gewalt durchzusetzen, dass der jeweils andere die eigenen Bedürfnisse zu befriedigen hat. Diese Bedürfnisse bestehen im Festhalten und der Deckung von allen Wünschen nach Zuwendung, um kindliche Verlustangst nicht noch einmal erleben zu müssen. Eros ist jedoch noch keine Liebe, er ist erst eine Vision der reifen Liebe.

Das Wesen der Erotik mit ihrer Sinnlichkeit und Anziehung bringt den ganzen Organismus in Schwingung, bekannt als Schmetterlinge im Bauch. Daher haben unreife Menschen manchmal das Bedürfnis, ein Leben lang ständig frisch verliebt zu sein. Das innere Feuer ist einfach zu schön und bei genauerer Betrachtung bleibt der Partner auf der anderen Seite austauschbar. Damit hat die erotische Liebe durchaus auch einen Venusanteil in sich. Bezeichnenderweise leidet jener Partner, der die Beziehung beendet, weniger als der Verlassene.

Die reife Liebe ist die höchste Stufe:

Ist die Venus-Liebe gleichsam der körperliche Anteil der Liebe, so ist die erotische schon erweitert um die psychischen Anteile. In der dritten Stufe kommt jetzt auch noch das geistige Element hinzu. Der reife Liebende weiß, dass alles, was er für sich in Anspruch nimmt, auch umgekehrt für ihn zu gelten hat: alles, was ich vom anderen erwarte, muss ich zuerst auch einmal selber bringen können. Er weiß, dass es nur in der Sklaverei möglich ist, einen Menschen als seinen Besitz zu betrachten. Die Beziehung ist nicht mehr nur ein Spiel gegenseitiger positiver und negativer Emotionen, sondern darüber hinaus eine klare Willensentscheidung, mit genau diesem Menschen eine Dauerbeziehung aufrecht erhalten zu wollen. Sie ist eine Freundschaft mit erotischem Anteil. Sie ist eine Begegnung auf Augenhöhe, in der im Idealfall Geben und Nehmen eins werden. Deine Rechte sind meine Pflichten und meine Rechte sind deine Pflichten. In liebevoller Aufmerksamkeit und Empathie für die Eigenberechtigung und Entwicklungsfähigkeit des Partners und der Partnerin.

Eine wirkliche Liebe duldet keine schiefen Ebenen, wo einer gibt und der andere nimmt, keine Vater-Tochter- und keine Mutter-Sohn-Beziehungen. Über lange Sicht sind die Energien zwischen den beiden ausgeglichen, selbst wenn zwischendurch einmal eine Schieflage entstanden sein sollte, etwa im Fall einer Krankheit. Die beiden wollen zu einander stehen und zwar nicht nur in guten Tagen, sondern vor allem an den weniger guten Tagen, das sind jene Tage, wo man einen wahren Freund am meisten braucht. Im Korintherbrief des Apostels Paulus ist diese Liebe abschließend beschrieben. Er will keine klingende Schelle sein und kein tönendes Erz, er will dass einer des anderen Last trage. Diese reife Liebe schließt jedoch keineswegs den erotischen Anteil aus, sie führt ihn vielmehr wissentlich herbei, was im Eros selber eher hinterrücks (also unbewusst) geschieht, wie wir das schon gesehen haben.

15. Bewusstheit und Beziehung (2018/1999)

Nichts für Denkfaule!

Manche Menschen bieten einem aufmerksamen Zuschauer ein Bild, als befänden sich Geist und Seele vom Körper getrennt auf einem anderen Stern. Falls uns das stören sollte, sagen wir vielleicht Traumtänzer zu ihnen. In der Beziehung stört das allemal!

Da war eine Meldung vom 2.4.2018: Ein Vater vergaß auf dem Weg zum Gardasee zwei Kinder auf einer Autobahnraststätte südlich von München. Erst am Grenzübergang Brenner, also nach mehr als drei Stunden Fahrt, konnte die Polizei mit ihm Kontakt aufnehmen, da hatte er die Abwesenheit seiner zwei Töchter im Alter von 10 und 14 Jahren noch gar nicht bemerkt. Wo war er wohl mit seinem Kopf? Oder besser, wo war er mit seinem Herzen, es waren immerhin seine eigenen Kinder und die haben ihm nicht gefehlt?

Es ist ein strahlender Morgen, als die junge, schwarzhaarige Dame hoch oben im Wohnblock auf ihren Balkon tritt. Sie ist ein hübscher Anblick in ihrem kurzen, weißen Nachthemdchen. Das Handy am Ohr hat sie ein Telefonat, das sie sehr in Anspruch zu nehmen scheint. Schließlich lässt sie sich auf der Schwelle der Balkontüre nieder und vergisst, dass sie sich im öffentlichen Raum befindet. Als wäre sie in ihrem Wohnzimmer, spreizt sie die Beine und bietet ihr nacktes Genitale einer potenziell großen Zahl von interessierten Beobachtern. Absicht oder Unbewusstheit? Sich Unbekannten auf diese Art provozierend darzubieten, wäre unangemessen und allein schon hart am Rande einer psychischen Störung.

Mit hoher Wahrscheinlichkeit handelt es sich hier also um eine unbewusste Handlung, wobei die junge Dame eben vergessen hat, wo sie sich befindet. Durchaus nicht weniger peinlich, als wenn sich Autofahrer bei Rot den Finger in die Nase stecken. Fehlendes Gegenwartsbewusstsein ist somit wohl einer der Hauptgründe für einen Mangel an Bewusstheit. Kurzsichtigkeit wäre ein anderer.

Ein Großhändler mit Kaffee bemerkt im Herbst, dass sich seine heurige Bilanz nicht ganz ausgehen wird. Er startet eine Aktion und bietet seinen Kaffee für vier Wochen zum halben Preis an; seine heurige Bilanz ist damit gerettet. Die nächstjährige ist definitiv tot, weil sich alle seine zahlenmäßig begrenzten Kleinhändler mit dem billigen Kaffee für lange Zeit eingedeckt hatten und im folgenden Halbjahr praktisch kein Absatz zu verzeichnen ist. Diese Entwicklung war sogar bei mäßigem Verstand vorhersehbar.

Wer etwa am Flussufer ein Haus bauen will, der muss zwingend vor zu erwartendem Unheil die Augen verschließen, insbesondere in Zeiten des Klimawandels mit seiner Zunahme an extremen Witterungszuständen. Was hier früher oder später kommen wird, ist nicht vergleichbar dem Ausfall an Einnahmen wegen irriger Einschätzung des Kaffeeumsatzes. Und wollte man das Szenario noch weiter steigern, dann sieht man Menschen, die am Fuß des brodelnden Vesuv ein Haus bauen und ihren Acker bestellen. Hier muss man allerdings schon davon ausgehen, dass das tödliche Risiko bewusst in Kauf genommen wird.

Bewusstheit ist ein ganz eigener Seinszustand. Es ist der Wille, alle Anteile des Lebens bewusst wahrzunehmen und nicht nur jene, die einem gerade gefallen oder zu denen man in seiner Erziehung verpflichtet wurde. Gerade diese willentliche Absicht ist das Plus gegenüber dem Bewusstsein, einem eher statischen Zustand. Ich bin ein guter Arbeiter oder ich bin ein Europäer beschreibt ein Sein. Ich will mein eigenes Wesen verstehen und meine Selbsteinschätzung verbessern ist hingegen eine gestaltende Haltung, die weit über den Seinszustand hinausreicht. Sie interessiert sich für die eigenen Motivationen genauso wie für deren Auswirkungen auf andere. Sie begreift darüber hinaus, dass jede Entscheidung ihren tragenden Grund in einem Wert hat.

Vater vergib ihnen, denn sie wissen nicht was sie tun! Dieser Satz Jesu am Kreuz scheint die Unbewusstheit der Soldaten und Knechte zu entschuldigen, als sie eben das Los über seine Gewänder warfen. Jetzt einmal davon abgesehen, dass dieser Ausspruch in älteren Funden der Evangelien fehlt und daher wohl zum Beweis der überwältigendsten Liebe des Gekreuzigten später eingefügt und in dieser Form möglicherweise nie gesagt wurde, wirft er doch ein Schlaglicht auf eine

Bewusstheit, die den meisten Menschen zugänglich ist, nämlich als Fehler und Makel anderer Menschen: Fremder Schmerz geht nicht ans Herz! Das ist schmerzhaft, wenn man selber diese Erfahrung macht und bedeutungslos, wenn andere sie mit uns machen. Wir reden noch immer über Bewusstheit! Zu dumm, dass man ihr Gegenteil an anderen um so viel leichter bemerkt!

Eine häufige Formel hört man oft aus dem Mund von Angebern: Das geht mir am Arsch vorbei! Man findet sie als Ausdruck dafür, bestimmte Umstände nicht zur Kenntnis nehmen zu wollen. Sie kann aber auch als Ausdruck interpretiert werden, in narzisstischer Weise nur das zur Kenntnis zu nehmen, was mir in meinen eigenen Kram passt. Eine gefährliche Einstellung, die sich irgendwann todsicher rächt. Nur derzeit ist eben keine Gefahr bewusst!

Vom Nicht-Wissen-Wollen als einer durchaus typisch menschlichen Haltung redet aber auch die nachstehende Bibelstelle:

Logion 28 aus dem apokryphen Thomasevangelium:
Jesus spricht: „Ich stand in der Mitte der Welt, und ich offenbarte mich ihnen im Fleisch. Ich fand sie alle trunken. Niemanden unter ihnen fand ich durstig. Und meine Seele empfand Schmerz über die Kinder der Menschen, weil sie blind sind in ihrem Herzen, und sie sehen nicht; denn leer kamen sie in die Welt und suchen auch wieder leer aus der Welt herauszukommen. Doch jetzt sind sie trunken. Wenn sie jedoch ihren Weinrausch abschütteln, dann werden sie umdenken."

„Wenn der Hausherr wüsste, wann der Einbrecher kommt, wäre er wachsam!"
„Seid wachsam und betet, ihr wisst nicht, wann das Himmelreich kommt!"
Wachsamkeit, wach Sein ist in den zwei letzten Sätzen die Forderung Jesu auch in der offiziellen Bibel. Also nicht zu träumen und nicht den Kopf in den Sand zu stecken. Nicht gedanken- und kritiklos wie ein Betrunkener in den Tag hinein zu leben. Nichts in unserer ganzen Umgebung soll uns am Arsch vorbei gehen! Ganz in der Gegenwart sein, ohne Vergangenheit und Zukunft zu vernachlässigen.

Die Schüler fragten den alten Weisen: „Meister, was müssen wir tun, um so weise zu werden wie du?" Antwort:
„Wenn ihr liegt, dann liegt ihr. Wenn ihr sitzt, dann sitzt ihr. Wenn ihr steht, dann steht ihr und wenn ihr geht, dann geht ihr!"
„Aber Meister, wir tun doch nichts anderes!" Antwort:
„Das stimmt nicht. Wenn ihr liegt, dann sitzt ihr schon, wenn ihr sitzt, dann steht ihr schon und wenn ihr steht, dann geht ihr schon!"

Viele Menschen stolpern ahnungslos durch die Weltgeschichte, sie sind unkritisch, haben keine Fragen, keine Lernbegier, keinen Durst nach dem Verstehen des Lebens. Diesen Dämmerschlaf vergleicht Jesus mit einem Weinrausch; in einem solchen lässt die Kritikfähigkeit bekanntlich auch nach. Wenn dann in diesem Zustand der Unfall passiert ist, dann fragen sie: „Warum bin ich bloß gefahren? Das habe ich doch nicht gewollt?" Getan haben sie es aber doch!

Wenn ich Architekt bin und interessiere mich nur für Architektur, dann bin ich unbewusst. Und wer die Bedürfnisse des Partners nicht wahrnimmt, handelt genauso unbewusst! Besonders deutlich zeigt sich Unbewusstheit in der Beständigkeit meiner Werte: was gestern für mich richtig war, muss auch heute und morgen für mich richtig sein! Ich bin sonst für meine Umgebung nicht berechenbar. Leider sieht man das Gegenteil viel öfter. Was gestern richtig war, ist heute falsch und morgen ist es wieder ganz etwas anderes, mit einem Wort: wie sie es gerade am besten brauchen können, so ist es für sie richtig!

Bedämmert und benebelt machen sie weiter so, wie sie es schon immer gemacht haben. Sie sind denkfaul und fragen sich nicht, warum der Sieg ihrer geliebten Fußballmannschaft Priorität hat vor dem Heil ihrer Seele, das sie nach den Worten Jesu zuerst suchen sollten und alles andere würde ihnen dazu gegeben. Unterhaltung geht bei uns sehr oft der geistigen Entwicklung vor! Viel an zwischenmenschlichem Leid wäre zu vermeiden, würde man vorher nur ein paar Gedanken an die Konsequenzen unserer Handlungen und das Wohlergehen des Mitmenschen verschwenden. Vorher denken erspart nachher entschuldigen! In Beziehungen gilt das im besonderen!

Jede Handlung und jede Entscheidung hat nämlich zwingend Konsequenzen! Ich muss mir bewusst sein, dass ich mit jeder Entscheidung einen Wert – oder auch Unwert – verwirkliche. Auf eine Ansage eines Menschen, die mir nicht gefällt, kann ich zweierlei Reaktion setzen: ich kann mich fragen, warum er das gesagt hat und ob ich ihm dafür einen Anlass gegeben habe, oder ich kann ihm einen Stein auf den Schädel hauen. Aber es ist immer meine Entscheidung. Ich für mich und ich ganz allein bin dafür verantwortlich! Ich kann mich nicht darauf ausreden, dass es alle anderen auch so gemacht hätten. Das ist die Richtschnur zum Erkennen nicht nur der Gegenwart sondern auch der Folgen, die sich daraus ergeben.

Eine Bewusstheit für sich selbst zu entwickeln, das heißt vor allem, die eigenen Werte und Haltungen zu erkennen und in weiterer Folge sogar Bewusstheit für die eigene Vorfahrenreihe und ihre spezifischen Lücken zu entwickeln. Und wenn man einen Fehler bei den Eltern entdeckt hat, genügt es nicht, einfach nur das Gegenteil zu tun, sondern denkend und fühlend eigene Werte zu entwickeln: wer also etwa zum Duckmäuser erzogen wurde, muss offenbar lernen, sich ein Herz nehmen ... Und wem die oft generationsübergreifende Neigung zum Bluthochdruck aufgefallen ist, der sollte lernen, mit seiner ererbten, unbewussten Wut zu arbeiten und sie in einen positiven Antrieb umzuwandeln, weil er sonst Ähnliches erfahren könnte. Der Umgang mit den eigenen Vorfahren ist aber manchmal gar nicht mit Bewusstheit versehen, wenn etwa eine junge Dame hysterisch kräht: „Niemals werde ich so hysterisch wie meine Mutter!"

Für uns hier aber steht an erster Stelle die Bewusstheit für die eigene Subjektivität! Wir werden allein geboren und wir werden einmal allein sterben, niemand kann uns dabei begleiten. Dass wir in der Zeitspanne zwischen diesen beiden Endpunkten allein in unserer Haut stecken, macht die Einsamkeit unseres Lebens perfekt, so lange wir uns nicht bewusst werden, dass die Liebe allein diese natürliche Grenze in unserer menschlichen Existenz überschreiten kann (Erich Fromm: Die Kunst des Liebens).

Will man die angstbesetzte Einsamkeit und ebenso diese mühsame Denkarbeit vermeiden, dann ist es am einfachsten, sich irgend einem beliebigen Rudel anzuschließen. Lesen zwischen den Zeilen und Hören zwischen den Worten, um sich eine eigene Meinung zu bilden, ist vielen Menschen zu anstrengend. Daher geben sie sich damit zufrieden, das nachzuplappern, was man in der Zeitung gelesen oder in den Medien gehört hat. Doch wer immer so tut, wie alle in der Umgebung tun, der hat zwingend keine Bewusstheit! Und der Beziehung hilft es schon gar nicht, diese Anstrengung zu vermeiden! Auch ein demokratisches System funktioniert nur, wenn Menschen bewusste Entscheidungen treffen und sich nicht zum Mitläufer einer Partei manipulieren lassen!

Das bedeutet auch Bewusstheit für Dinge, die die Mehrheit nicht wissen will. Es ist einfach zu bequem, nur nach jenen Richtlinien zu leben, die die Mehrheit vorgibt. Neue Möglichkeiten tun sich nur auf, wenn man bewusst und eigenverantwortlich seinen Horizont erweitert, und das genau ist ja auch der Sinn einer Beziehung. Alle Annehmlichkeiten der modernen Zivilisation in Anspruch zu nehmen und sich dann über die Umweltverschmutzung und das viele Plastik in den Weltmeeren zu ereifern, ist Heuchelei! Waffen zu produzieren und sich auf die Schaffung von Arbeitsplätzen zu berufen, ist Heuchelei, weil die Lebenden auf Kosten der Getöteten ihren Wohlstand erwerben. Wer erlaubt sich weiterzudenken? Was heißt das für eine Beziehung? Mein Vorteil ist dein Nachteil?

Die Wahrnehmung unserer Welt erfolgt über unsere fünf Sinne. Doch damit ist es nicht getan! Die alte Frau im Schneematsch liegen zu lassen, die man zwar gesehen hat, der man aber nicht auf die Beine hilft, ist vollkommen gleichwertig der Bibelstelle vom barmherzigen Samariter, der – obwohl selber ein Underdog – das Opfer in sein Haus trägt und dort versorgt, und führt uns drastisch vor Augen, dass Wahrnehmung allein nicht genügt, dass vielmehr Bewusstheit unsere aktive Stellungnahme herausfordert, im Sinne der Menschenliebe eine Handlung zu setzen.

Unbewusstheit ist also nicht einfach ein Mangel an Konzentration, sie ist vielmehr eine mangelhafte Grundeinstellung zum Leben. Sie ist der unbewusste Anspruch ans Leben, nichts lernen zu müssen, weil man schon fertig ist mit Lernen und weil alles von selber laufen muss. Sie ist der unbewusste aber sehr kurzsichtige Glaube, dass man derzeit keine Hilfe benötigt. Doch dieser Glaube kann sich bekanntlich binnen Sekunden verändern … Gerade die erotische Beziehung kann für unerwartete Wendungen sorgen! Erotische Liebe ist ein Aufwecker für hartnäckige geistige Langschläfer. Ihr setzen sie keinen Widerstand entgegen, wie sie es sonst so oft gegen Bewusstheit tun.

Jede psychotherapeutische Intervention zielt darauf ab, die Selbstverantwortung des Klienten zu stärken, ihn zum Kapitän auf dem eigenen Lebensschiff zu machen. Dazu muss er heraus aus der Haltung des Mitläufers und des gedankenlosen Nachbeters, er muss lernen die Welt wahrzunehmen wie sie ist und er muss begreifen, dass die allseitige Beliebtheit eine Illusion ist, der nur Schulkinder anhängen dürfen und das auch nicht straflos, weil der Neid der anderen diese Sehnsucht sehr schnell aufdeckt. Eine erotische Beziehung aber ist der Aufdecker par excellence! Niemand kann in einer Beziehung auf Dauer verbergen, wer er wirklich ist.

Psychotherapie sucht eindeutig das Heil der Seele und stellt dich vor die Wahl, ob du lieber Rudeltier oder Selbstentscheider sein willst. Nur der Zweite ist zu einer echten Entwicklung fähig, nur er sucht das Heil seiner Seele. Damit ist für ihn aber auch klar, dass Dinge, die auf den ersten Blick unverständlich erscheinen, einer genaueren Prüfung bedürfen. Und hier ist es wie mit allen Dingen im Leben: 80% des Möglichen sind recht leicht zu haben (marktwirtschaftlich ausgedrückt, billig zu kaufen), wer jedoch die restlichen 20% auch kennen lernen will, der muss sich schon die Mühe machen, in die Tiefe zu gehen und Dinge verstehen zu wollen, die dem Rudelmenschen nicht nur unverständlich sind, die ihm sogar Abscheu einflößen können. („Meine Frau muss funktionieren!" sagte einmal ein Klient zu mir.) Es sind in der Regel diese Dinge, die er nicht wissen will, weil sie sein gewöhnliches Vorurteil in Frage stellen. Nebenbei haben Vorurteile den Nutzen, bis zu 80% richtig zu sein, sie sind damit eine nützliche wenn auch reichlich vereinfachende Denkhilfe. Nehmen wir aber jetzt ein Beispiel für Unbewusstheit, das uns bei vielen Menschen ins Auge springt, nämlich die Neigung Ratschläge zu geben.

Wer erbeten oder unerbeten gerne Ratschläge erteilt, hat unbewusst drei Vorteile: 1. er muss sich nicht auf die Not des anderen einlassen, sondern hat schnell ein fertiges Rezept zur Hand, 2. er muss unter Umständen kein Geld in die Hand nehmen und 3. er fühlt seine eigene Überlegenheit. Im Extremfall sagt einer, dem es mit seiner Beraterfunktion „gut" geht: „Mach es so wie ich!" Und das ist ein unübertrefflich dummer Ratschlag.

Weil heutzutage so viele Menschen(ratgeber) so genau wissen, was in der Flüchtlingspolitik richtigerweise zu tun wäre, eine Gewissensfrage an meinen Leser: Wenn Du in Deinem Haus sitzt und wegen Krieg oder Katastrophe am Verhungern bist, würdest Du dann sitzen bleiben bis Du verhungert bist, oder würdest Du zu Deinem Nachbarn stehlen gehen? Genauso ist es aber mit unseren Flüchtlingen, die oft geübte Unterscheidung in politisch Verfolgte und Wirtschaftsflüchtlinge ist eine unbewusste Heuchelei. Und sie ist auch sehr kurzsichtig, wie uns die Geschichte lehrt, denn Rom ist trotz seiner Macht untergegangen. Wir demonstrieren damit nur, dass wir nicht die Nächstenliebe leben sondern die Fernstenliebe. Nur möglichst weit weg mit ihnen! Wir wollen sie hier nicht! Erst wenn ich selber einmal so etwas wie ein Flüchtling bin, dann lerne ich vielleicht, den Menschen in einer solchen Ausnahmesituation zu verstehen und werde umdenken.

Die überwiegende Mehrheit der Menschen geht der Bewusstheit aber in weitem Bogen aus dem Weg. Sie wollen nicht wissen, dass sich ihr Leben anders gestalten könnte, hätten sie nur einmal den Mut, sich mit sich selbst auseinanderzusetzen. Dann hätten sie die Chance zu begreifen, dass Leben ohne Bewusstheit wie Suppe ohne Salz oder noch drastischer wie Kaffee ohne Bohnen ist. Doch nur die Angst vor den eigenen Tod ist noch größer als die Angst vor dem eigenen Inneren. Sie scheuen die Innenschau wie der Teufel das Weihwasser, dort könnten böse Erinnerungen hausen aus ihrer gar nicht immer beglückenden Kindheit. Wenn Kinder Gewalt erleiden oder massiv angstbesetzte Situationen wie etwa sexuellen und/oder emotionalen Missbrauch, dann tritt häufig ihre Seele aus dem Körper aus, um den Schmerz nicht fühlen zu müssen. Das ist in diesem Augenblick die sinnvollste Abwehr gegen den entsetzlichsten Zustand, den ein Kind sich denken kann. Er bleibt im Gedächtnis dieses Menschen gespeichert und wird sofort aktiviert, wenn ein ähnliches Ereignis droht, oder wenn diese Seele eine solche Bedrohung auch nur vermutet. Das ist der Mechanismus des Selbstschutzes.

Weil sie sonst ein Leben lang so weitermachen würden im Strom der Lemminge und keinerlei Initiativen setzten für ihre Individuation, hat das Leben zu einem Trick gegriffen: Amors Pfeil ins Herz des Ahnungslosen löst das Problem in Schnelle! Jetzt werden alle Zäune abgebrochen und alle Sicherungssyteme ausgeschaltet. Alte Haltungen werden radikal hinweggefegt, Augen und Ohren, ja überhaupt alle Sinne gehen auf. Der einzige Weg zu einer neuen Orientierung geht mitten durchs Herz!

Auf die Liebe zu warten, bis der Eros dich hinwegfegt, das ist also der tiefste Wunsch und zugleich die massivste Unbewusstheit der meisten Menschen. Sie wissen vorher nicht, was sie an diesem Menschen so anzieht, und sie wissen nachher nicht, was sie so sehr abstößt. Sie wissen nicht, welches Schwert der Eros im Gefieder trägt, weil sie nicht wissen wer sie sind und was sie wirklich wollen.

Die Bewusstheit hingegen wählt einen Partner aus, der den Schritt aus der Unbewusstheit mitmacht und die erotische Liebe bewusst gestaltet. Dazu gehören Wille und Intelligenz, weniger hingegen emotionale Anziehung oder gar Schönheit! Das heißt bewusste Gestaltung des Liebeslebens anstatt Warten auf das große Glück! Dazu gehört auch die Bewusstheit, dass Eros sich durchaus gemeinsam inszenieren lässt wie ein Theaterstück, sich dann genauso wonnevoll anfühlt und zum Ausgleich dafür ohne Dolch im Rücken endet, weil seine Basis das Vertrauen der beiden ist. Der Eros kann also gezähmt werden durch die Bewusstheit zweier Liebender und so wird seine Energie zu ihrem neuen Nutzen, zu einer völlig neuen Lebensqualität.

Ich erinnere mich lebhaft an einige Begebenheiten aus meiner Kindheit, an Satzfetzen von alten Jungfern, die mir ein beklemmendes Gefühl von atemloser Spannung vermittelten: „Er hat sie verführt, das arme Mädchen, und dann mit dem Kind sitzen gelassen ..." Das muss ein Kerl sein, habe ich damals gefühlt. Keine lautstarke Entrüstung, keine moralische Empörung über diesen liederlichen

Menschen hätte in mir eine solch nachhaltige Wirkung auslösen können wie diese Behauptung, er hätte sie verführt. Heute weiß ich es besser. Wenn er sie tatsächlich verführt hat, dann hat sie ihn glauben gemacht, er hätte sie verführt, weil sie die Verführung wollte. Hier nehme ich das Alte Testament ausnahmsweise wörtlich, denn der unbewusste Adam ist viel zu dämlich, um Eva zu verführen. Der unbewusste Mann als Gefangener seines Triebes kann säuseln, Süßholz raspeln, vielleicht auch überreden und sicher wird er immer drängen und sei es nur dadurch, dass er sich entzieht, aber verführen, das kann er nicht! Gut, es mag Evas geben, die so einfältig sind zu glauben, dass nicht sie selbst diejenigen waren, die verführen hätten wollen. Das sind wiederum die Unbewussten, die sich noch nicht mit der Wirkung ihrer Existenz auseinandergesetzt haben und die vermutlich dem Glauben an das gottgewollte Patriarchat huldigen. Nur solche Frauen sind in der Lage, sich zum Opfer einer Verführung zu erklären. Doch generell passiert immer nur das, was die Frau will, es ist das, wohinter die Männer mit oder ohne Erfolg her sind. Insofern gebe ich Jakob Lorber Recht, dem Paradeexponenten des vorletzten Jahrhunderts, insofern steht das Weib der Schlange am nächsten. Ob sie es allerdings aus Machtbedürfnis oder aus Liebe tut, das macht den Unterschied, den der erleuchtete Junggeselle aus Graz wohl nicht begriffen hat.

Liebe, Zärtlichkeit und Sexualität müssen genährt werden wie in hungriges Vögelchen, sollen sie die Basis einer glücklichen Beziehung bilden. Gerade in diesem Bereich trifft die Frau eine erhebliche Verantwortung. Dem Mann stehen wesentlich weniger Mittel zur Verfügung. Wenn bei ihm der optische Auslöser gezündet hat, dann ist er das menschliche Wesen mit dem direkten Zugriff, mit wenig differenzierten Vorstellungen vom Sinn seines Tuns, einfach mit der biologischen Verpflichtung, seine Gene weiterzureichen. Aus diesem natürlichen Ablauf entsteht aber auch bei ihm nicht wirklich Lebensfreude, dazu braucht er den Einklang mit einer Partnerin, die ihm den Zugang zu Lust und Harmonie vermittelt. Es liegt in ihrer Hand, ob sie sich seinem Werben gegenüber abweisend gibt, passiv duldend oder aktiv Lust gestaltend. Aus bewusstem Willen kann sie liebevoll auf ihn zugehen und das gemeinsame Erlebnis zum Fest werden lassen. Es liegt an ihrer Bewusstheit ebenfalls, ob sie selber initiativ wird und das Interesse des Mannes weckt. Denn ein sanfter Schubs mit dem Bug oder dem Heck so einfach im Vorübergehen lässt jedes Seemannsherz höher schlagen. Für sie gilt gerade das Umgekehrte wie für den Mann: bloß kein zu direkter Zugriff! Die sachliche Aufforderung an den Mann: „Ich möchte mit dir schlafen!" ist eher geeignet ihn zu verscheuchen als ihn zu entflammen. Allerdings ist eine nackte Hand in atemberaubender Untätigkeit auf einer anderen nackten Hand auch nicht dazu angetan, eine erotische Spannung aufzubauen oder gar einen sexuellen Prozess in Gang zu setzen. Besser als zu warten, bis man vom Eros weggefegt wird, ist also die bewusste Gestaltung des Liebeslebens. Es gilt zu tun, was der Unbewusste am wenigsten will, es gilt sich auseinanderzusetzen mit sich, mit dem Partner und der gemeinsamen Umwelt.

Unbestreitbar – zu einer Beziehung gehört auch Verstand!

16. Innere Stabilisatoren (2017)

Jeder Mensch erlebt es irgendwann so, als hätte sich das Leben gegen ihn verschworen. Nichts funktioniert richtig, die Stimmung ist gedrückt oder gar übel und alles macht entsetzliche Mühe.

Sieht man einmal von den Botschaften der flachen Anfängeresoterik ab, für die ja bekanntlich alles machbar und möglich ist, dann haben unsere Schifahrer den treffenden Spruch gefunden für den Fall des Erfolges: Wenns laaft, dann laaft's!

Das Gegenteil gilt in diesen Kreisen jedoch auch: Wennst kein Glück hast, kommt gleich noch einmal ein Pech dazu!

Undurchsichtige Kräfte scheinen unser Leben zu bestimmen und seit Menschengedenken versuchen wir Zweibeiner dieser Kräfte Herr zu werden und unsere Geschicke in die Richtung zu lenken, die uns genehm ist. Oder zumindest vorherzusehen, an welchem Tag man das Haus besser nicht verlässt, weil einem im Stiegenhaus schon eine schwarze Katze über den Weg laufen wird. Je nach persönlicher Perspektive scheinen die Grenzen hier zu verschwimmen.

Erst kürzlich hat sich Papst Franziskus kritisch geäußert über den Wert der Astrologie, die für ihn schon knapp vor dem Untergang kommt. Leider hat er dabei ganz übersehen, dass diese Disziplin über Jahrhunderte auch in der Politik, ja sogar bei den Päpsten in hohem Ansehen stand. So wie es nicht einfach ist zu glauben, zwischen dem Stand von Sonne und Venus bestünde ein ursächlicher Zusammenhang mit dem eigenen Liebesglück, so ist es auch nicht einfach möglich zu verneinen, dass im Makrokosmos des Universums die gleichen Gesetze wirksam sind wie im Mikrokosmos unserer Leiber. Wo hört der Aberglaube auf und wo beginnt der Glaube? Nehmen wir zwei Pole.

Lieber heiliger Florian, verschon mein Haus, zünd dem Nachbarn seins an! zeugt von einem wahrhaft tiefen Glauben, dass nämlich besagter Heiliger und Schutzpatron der Feuerwehrleute ein hoffnungsloser Pyromane ist, der entgegen der Intention seines Heiligenscheins zum zwanghaften Zündeln neigt und nicht zum Vorbeugen der im Mittelalter allgegenwärtigen Brandgefahr. Der Versuch, mittels Gebet das eigene Schicksal zu verbessern und Unheil abzuwenden, war jedoch aus dem mittelalterlichen Leben so wenig wegzudenken, wie die Anwendung von Heilkräutern den Heiler, selbst bei Heilungserfolg, vom Vorwurf der Hexerei kaum befreien konnte. Einem aufgeklärten Darwinisten wiederum ist der Glaube an die Wirksamkeit von Gebeten allein schon genug für ein abschätziges Lachen. Er glaubt nicht, dass er einen unsichtbaren Gott im Himmel mittels Gebeten in irgendeiner Form beeinflussen könnte, er glaubt vielmehr an die Wahrheit der Wissenschaft. Und übersieht dabei, dass die Wissenschaft oft nicht viel mehr kann, als das zu verurteilen, was sie kurze Zeit vorher noch im Brustton der Überzeugung vertreten hat.

Unbestreitbar ist dabei immer wieder nur der menschliche Versuch, seine eigene Position zu verbessern. Seit langer Zeit werden dafür Affirmationen eingesetzt, die die simpelste Form einer Selbstsuggestion zum Ausdruck bringen: Mir geht es von Tag zu Tag besser! provoziert natürlich den Specht im Hinterkopf zur Antwort: Den Dreck tut's, den Dreck tut's! Nichtsdestoweniger sind viele Leute erfolgreich in der Anwendung dieser einfachen Techniken des Mentaltrainings. Nicht weniger an Glauben kommt damit zur Wirkung als bei der Anrufung diverser Heiliger oder bei Anwendung schwarz-magischer Rituale. Wie überhaupt die Verlockung groß zu sein scheint, mittels magischer Praktiken die von außen kommenden negativen Tendenzen in Schach halten zu wollen. Zugleich macht sich der Volksmund darüber jedoch auch lustig. Wenn du verkühlt bist, nimmst einen Volkskalender (Mandlkalender), mahlst ihn fein und kochst ihn aus. Diesen Tee abseihen und austrinken: ein Heiliger ist sicher dabei der hilft!

Wie immer! Das Übel kommt von außen und muss daher auch im Außen abgewehrt werden. Daher kommt der Erfindung der Schutzgeister sicher seit Anbeginn der Menschheit höchste Bedeutung bei. Das können Heilige sein wie in der mittelalterlichen Kirche, das können jedoch auch die bedingungslos liebevollen Ahnen sein wie in primitiven asiatischen Kulturen. Der Zweifel muss aber gestattet sein, dass nicht alle Ahnen liebevoll und alle Heiligen tatsächlich heilig waren. Weiß man doch all zu gut, dass eine ganze Reihe von Heiligen nur zu ihrer Korona kommen konnte, weil es dem Heiligen Stuhl gerade in seinen politischen Kram passte. Mit dogmatischen Äußerungen von Rom, wie etwa der leiblichen Aufnahme Mariä in den Himmel (eine politische Ohrfeige für die bösen Protestanten!), verhält es sich ja auch nicht anders.

Den frühen Heiligen der christlichen Kirche muss man jedoch auch zugute halten, dass sie entgegen der allgemeinen Tendenz ihr Augenmerk nach innen richteten. Vor allem unter dem Einfluss des gnostischen Christentums war ihnen bewusst geworden, dass manches an Bösem aus ihrem Inneren kam und daher auch nicht mit den Mitteln der äußeren Geisterabwehr zu bekämpfen war. Und das alles in der Phase eines Zeitgeistes, der dem Bösen durch möglichst umfangreichen Lebensgenuss zu entrinnen trachtete, wie es die Epikureer empfahlen. Für sie war das Leben zu kurz und zu schade, um es sich mit Sorgen zu beschädigen. Das Römische Reich war zu diesem Zeitpunkt auf der Höhe seiner Macht und sein Reichtum und seine Zivilisation waren so weit fortgeschritten, dass man sich dem Genuss ohne größere Widerstände widmen durfte. Mitverursacht wurde damit allerdings auch schon der Niedergang des Imperiums.

Ganz bewusst im Gegensatz dazu stand in der selben Zeit jedoch die Lehre der Stoa, der es bewusst war, dass man nicht allen Übeln der Welt durch äußeren Radau entgehen konnte. So empfahl sie also den absoluten Gleichmut gegenüber allen Wechselfällen des Lebens. Der stoische Gleichmut wurde sprichwörtlich. Dazu gehört nun schon ein mächtiges Maß an Selbstdisziplin insbesondere dann, wenn man sich an nichts orientieren kann, als an sich selber. Da hatte es der Apostel Paulus, der noch über die Athener gelästert hatte, ihr Gott sei der Bauch, um ihre Epikureermentalität zu rügen, schon um einiges leichter. Immerhin hatte er einen Gottessohn als Maßstab, auch wenn er sich diesen durchaus mit dem eigenen Lineal zurecht geschneidert hatte.

Über viele Jahrhunderte blieb es der suchenden Menschheit vorbehalten, je nach Strömung und Zeitgeist dem Schicksal seine Geheimnisse abzuluchsen. Der Astrologie kam dabei sicher eine Schlüsselrolle zu. Zumindest für die herrschenden Klassen, denn die kleinen Leute waren immer darauf verwiesen, in Ergebenheit das zu schlucken, was ihnen Gott als ausgleichende Gerechtigkeit für ihre vielen Sünden zugedacht hatte. Das Böse kam für sie in der Gestalt von Hunger, Krieg und Krankheit. Es kam jedenfalls wieder von außen.

Sigmund Freud hat dann Ende des 19. Jahrhunderts sein dreiteiliges Persönlichkeitsmodell von „Es", „Ich" und „Über-Ich" entwickelt und damit den Weg gewiesen, negative Dinge des Lebens nicht mehr nur undifferenziert als das Wirken böser Geister zu betrachten. Dem Geisterglauben war ohnehin auch die Aufklärung schon vorher zu Leibe gerückt. Wenn mich etwas irritiert, wenn „es" mich hunzt bei der Durchführung eines Planes oder einer Arbeit, dann ist sichtbar immer auch ein eigener Anteil dabei. Natürlich kann man diese entwickelten Gedankengänge auch bis ins Extrem überziehen und behaupten, es gäbe überhaupt keine Außenwelt, alles sei nur ein Spiegel des Inneren. Das ist auch flugs geschehen und es hat im Anfangsstadium des Denkens wohl seine Meriten, weil wir Menschen dazu neigen, die eigenen Fehler in andere Menschen „hineinzuschauen". Psychologisch nennt man einen solchen Vorgang eine Projektion.

Ein gereifter Mensch braucht diesen Schutzmechanismus allerdings nicht mehr, weil er weiß, was seins ist. Damit stimmt dann auch die neuere Weisheit, dass es nämlich drei Dinge gibt im Leben: deine, meine und die des lieben Gottes. Und am besten kümmert sich jeder um seins! Zu glauben, es gäbe keine Außenwelt und alles sei nur ein Spiegel des eigenen Inneren, wird dann zur Absurdität, wenn man denkt, die Kinder von Auschwitz hätte das schönste Leben gehabt, wenn sie nur gewusst hätten, dass sie gar nicht im KZ ihres Inneren sind.

Trotz aller Entwicklungen im Bereich Mentaltraining und Selbstaffirmation hat die Zahl der Kriege nicht abgenommen, so wenig wie die Zahl der Krankheiten abgenommen hat durch die Zunahme der medizinischen Erkenntnisse. Auch da kam der Pendelschlag des Bewusstseins aus den eigenen Reihen und führte wieder zu den früheren Erkenntnissen von Freud zurück. Die Riesenerfolge der

Bücher von Dethlefsen und Dahlke lassen das Bedürfnis der Menschheit sichtbar werden, sich selber mehr und mehr auf die Schliche zu kommen und zu verstehen, dass Krankheit nicht nur eine Folge von Bakterien und Viren ist, sondern auch und vor allem eine Folge seelischer Fehlhaltungen. Es wird damit erkennbar, dass immer mehr Menschen bereit sind, die Verantwortung für sich selbst zu übernehmen und im Krankheitsfall den Körper nicht mehr nur in die Reparaturwerkstätte Krankenhaus zu bringen. Gerade in diesem Bereich kann die moderne Medizin ja oft genug keine befriedigenden Antworten liefern und sind die Rückfragen an den Volksmund weit aufschlussreicher. So kann der eine etwas nicht verdauen und dem anderen wieder ist eine Laus über die Leber gelaufen ...

Die historischen Betrachtungen im Vorhergehenden hatten für mich den Sinn zu zeigen, dass eine Entwicklung im Gange ist, die in Richtung einer vertieften Menschlichkeit führt. In den letzten Jahren hört man nichts mehr aus der Ecke der linken Ideologien, die Jahrzehnte gepredigt hatten, mit der Veränderung und Verbesserung der Strukturen allein sei auch schon eine Verbesserung des Menschen möglich. Für die rechten Ideologien war die Verbesserung des Menschen ohnehin ein überflüssiges Hirngespinst. Nur in den Kirchen behielt das Thema seine Relevanz. Nun mag man einwenden, dass Religionsgemeinschaften grundsätzlich den Drang haben, die eigenen Anhänger als bodenlose Schurken zu betrachten, weil ja sonst die Anregung zur Bekehrung überflüssig wäre. Doch schon den Forschungen von Sigmund Freud und seiner Epigonen ist zu entnehmen, dass das sogenannte Böse seinen Hauptwohnsitz mit Vorliebe eben doch in den Herzen der Menschen zu nehmen beliebt. Woraus sich zwingend das Postulat ergibt, dortselbst anzusetzen entweder in Gestalt von religiöser Reue oder in Gestalt von Psycho-therapie.

Wie immer! Um eine gewisse Anstrengung und mühsame Entwick-lung wird dabei niemand herumkommen. Mit sich eins zu sein und den inneren Wegweiser zu kennen, ist kein Zustand und keine Fähigkeit, mit der man geboren wird. Leben heißt, sich zu entwickeln und an Weisheit dazu zu gewinnen und nicht nur an Alter und Falten. Leider setzen viele Weisheitslehren dort an, wo schon alles vorüber ist, wie sogar beim von mir so geschätzten Laotse: „Der Weise vermeidet alle Extreme!" Doch wie lernt der noch nicht Weise, was unter einem Extrem zu verstehen ist? Indem er es nicht vermeidet! Ein gewisses Maß an Frustration ist dabei also nicht zu vermeiden. Der entscheidende Punkt ist vielmehr, wie ich im Augenblick der Niederlage oder der Depression wieder die Motivation zum Weiterlernen finden kann. Wie lernt der menschliche Münchhausen, sich am eigenen Schopf aus dem Sumpf zu ziehen?

Manchmal braucht es zum Lernen mehr an Weisheit als zum fertigen Zustand, zum bereits weise geworden Sein! Genau daher ist es für den erfolgreichen Sportler die höchste Leistung, nach einer Phase der Erfolglosigkeit auf die Siegerstraße zurückzufinden. Diese intrinsische Motivation ist die höchste Kunst und kann für jeden als Vorbild dienen, der in seiner Entwicklung eine Zeit der Hemmung zu ertragen hat. Der wesentliche Ausgangspunkt dabei ist wohl das Begreifen, dass man den eigenen Gefühlen in einer solchen Situation nicht all zu viel an Glauben schenken sollte. Denn diese kommen rasch und vergehen auch wieder rasch. Sehr leicht könnte man zum Spielball dieser seiner eigenen Gefühle werden.

Das Wort Kritik kommt vom griechischen krinein und das heißt unterscheiden. Unterscheiden zu können, ist ganz außer Frage auch eine Funktion der Intelligenz und eine Voraussetzung für eine vernünftige Erfassung der Realität. Was uns leider nicht immer davor bewahrt, etwas für Realität zu halten, das doch nur unserem eigenen Wunsch entsprang. Nicht umsonst sagt man ja: der Wunsch ist der Vater des Gedankens. Wunsch und Realität auseinander zu halten, ist der lange Weg der Reifung, der niemandem erspart bleibt. Es kommt uns jedoch als Trost zustatten, dass in diesem Fall die Diagnose auch schon die Therapie ist.

Dichter und Denker haben sich damit beschäftigt, wie man mit solchen Problemen umgeht, und natürlich hat ein jeder Recht, der uns empfiehlt, es erst gar nicht so weit kommen zu lassen. Die unendliche Weisheit solcher Aussagen wird deutlich, wenn man sich vorstellt, wie ein vom Leben schwerst gezeichneter Pubertierender die vergossene Milch wieder einsammelt, die ihm vorher entglitten ist. Das steht auf einer Stufe mit einem Glücklichen, der – von einem Unglücklichen um Rat gefragt – empfiehlt: Mach es so wie ich!

Ja, und überhaupt: Wenn alle Menschen so wären wie ich, dann wäre die Welt eine bessere! Sich selbst als das Maß aller Schönheit und Güte zu nehmen, das war schon der Anfang des Untergangs eines griechischen Jünglings namens Narkissos, der sich unsterblich ins sich selbst verliebte, als er sein Spiegelbild in einer stillen Quelle betrachtete. Er musste sterben, weil er gewissermaßen in sich selbst ertrank. Heute ist die Störung des Narzissmus in aller Munde, weil sie den modernen Menschen mit seinen Allmachtsphantasien so treffend nachzeichnet. Nicht angekränkelt von des Zweifels Wurm würde er uns sofort Recht geben, wenn wir Nikos Kazantzakis und seinen Alexis Sorbas zitieren und seine Empfehlung, das Leben so zu nehmen wie es ist. Natürlich muss er dabei jene Anteile des Lebens ausblenden, die uns normal nicht gefallen, wie etwa den Untergang des eigenen Lebenswerkes. Zu sehr wäre sein Narzissmus davon irritiert, etwas akzeptieren zu müssen, das so sehr der eigenen Grandiosität widerspricht. Ganz schnell wird daher das Leben auf jene Muster zusammen gestutzt, die den eigenen Wünschen entsprechen. (So wie für eine läufige Katze das Leben eben nur aus Katern besteht – vorübergehend!)

Zwangsläufig gehört zur Reifung etwas, das dem Narzissten so überhaupt nicht gefällt, nämlich eine gewisse Ich-Lockerung in der Realitätserfassung. Soll heißen: Interessiere dich für den Menschen und seine ureigene Individualität und nicht für deine Vorstellung von diesem oder vom Menschen ganz allgemein. Glaube an den Nutzen der Wahrheit im Sinne der Wahrheit von Tatsachen und achte sorgsam darauf, dass sie sich nicht vermischen mit deinen Gefühlen oder Wünschen. Lerne also Objektivität! Wenn du diesem inneren Wegweiser folgst, dann lernst du auch zu leben mit der Ungewissheit – und: sei neugierig darauf. Im Leben gibt es eine einzige Sicherheit, nämlich die, dass es keine gibt. Und das verlässlichste Mittel gegen Angst ist die Neugier!

Diese relativen Sicherheiten kommen im Leben nicht von selber, die muss man gelernt haben. Dazu sind durchaus Affirmationen hilfreich, innere Bilder, wie man mit sich selber besser umgehen lernt. Trägt der eine einen Energieball vor der Stirne spazieren, so sitzt die selbe bei einem anderen vor der Brust oder im Bauch. Nach meiner Erfahrung kommt es nicht so sehr auf das Bild an, das man verwendet, sondern vielmehr darauf, dass dieses Bild originär von mir selbst stammt. Dieses Bild oder dieser Satz, der mich herausreißt und weitermachen lässt, ist meine Individualität!

Für mich hat sich auf diese Weise das Bild einer Violinsaite entwickelt, die in Anlehnung an die ayurvedische Medizin von meinem Wurzelchakra durch den Rumpf zum Scheitelchakra gespannt ist. Ist sie gut gespannt und gibt sie einen reinen Ton ab, dann bin ich in meiner Mitte. Ist sie es nicht, dann genügt oft schon allein die Vorstellung, sie nachzuspannen, damit sie wieder rein klingt. Im Gegensatz dazu sehe ich die Welt und was sie mit sich macht:
Was gut klingt, wird gedankenlos nachgeplappert.
Handlungen und vor allem gute Taten werden dramatisch inszeniert.
Wer sich dem Rudel nicht unterwirft, wird „ausgeschieden".
Individualität und Zivilcourage werden hoch geschätzt, aber wehe du lebst sie!
Lüge und List zeugten ein Kind und nannten es Politik.

Wahres Christsein heißt daher für mich: Denke wie du fühlst, rede wie du denkst und handle wie du redest. Diese Gedankenreihe führte mich zur Vorstellung von einem reifen und integren Menschen, den die Welt mit ihren Geschwätz nicht mehr irritieren kann.

17. Der Erlöser vom Genezareth (2009)

Jesus, der Mann, der vor fast zweitausend Jahren hingerichtet wurde, war er der Sohn Gottes, war er der Messias und was hat er uns zu lehren versucht? Erinnern wir uns an einige Worte von ihm so wie sie in den Evangelien übermittelt sind.

Das Himmelreich ist innen in euch! Welches Himmelreich? Der Himmel mit Wölkchen und Engelchen und Lautenschlag? Und Langeweile in alle Ewigkeit? *Der Vater und ich sind eins!* Welcher Vater? Gottvater, uralt mit Rauschebart, Allmacht und Allwissenheit? Mit Schuld und Strafe und ewigem Feuer? Und dann: *Gott ist Liebe! Wenn ein Kind um Brot bittet, wer würde ihm dann einen Stein geben?* Das wäre zweifellos nicht die Liebe, von der er dauernd redet.

Er hat ja ganz sicher Recht. Was wir uns alle wünschen, ist das Empfangen von Liebe. Wie ein kleines Kind, das von der Liebe der Eltern vollkommen abhängig ist. Aber von den anderen kommt keine Liebe, die sind alle nur furchtbar böse. Sie tragen Unfrieden in unser Herz, sie mischen sich in unsere Angelegenheiten und zerstören unsere Sehnsucht nach Liebe.

Sie intrigieren, sie prozessieren, rauben und morden und führen Kriege. Dagegen müssen wir uns zur Wehr setzen, damit wir nicht überwältigt werden. Da müssen wir dagegen halten! So wird aus dem Himmelreich in uns die ganze reale Hölle, die wir täglich erleben.

Was hilft es dir, wenn du die ganze Welt gewinnst, doch an deiner Seele Schaden leidest? Seht die Vögel des Himmels: sie säen nicht, sie ernten nicht und ihr himmlischer Vater erhält sie doch. Kümmert euch um das Heil eurer Seele und alles Weitere wird euch dazugegeben werden.

Wenn ich also heute arbeitslos bin und nicht weiß wie es weitergehen soll, dann muss ich die Bedürfnisse meines Leibes zurückstellen und mich nur noch um meine ewige Seligkeit kümmern? Wenn ich heute krank bin und meine Schmerzen mich zerfressen, dann muss ich glauben und fleißig beten, damit ich wenigstens im anderen Leben glücklich bin? Ist das nicht die Botschaft, die uns die christlichen

Kirchen seit zweitausend Jahren verklickern? (Was sie aber nicht daran gehindert hat, selbst im Materiellen heftigst vorzusorgen und Reichtümer anzuhäufen, ganz anders als die Vögel des Himmels.) *Nicht die Gesunden bedürfen des Arztes, sondern die Kranken!* Jesus hat eindeutig Stellung bezogen zur Krankheit und er hat Kranke in großer Zahl geheilt. Damit ging er als Heiler und Lehrer in die Geschichte ein, als König der Juden wurde er allerdings gekreuzigt.

Die erste Heilung muss schwierig gewesen sein, bei den nachfolgenden Heilungen haben ihm seine „Patienten" schon geglaubt, dass er es kann. *Dein Glaube hat dir geholfen! Der Glaube kann Berge versetzen!* Doch der Glaube schwirrt nicht irgendwo im Universum umher, er ist im Herzen der Menschen, *wenn* er da ist. *Nicht ich habe dich geheilt, sondern dein Glaube hat dir geholfen! Ich kann nichts ohne den Vater. Ich und der Vater sind eins.*

Das genau ist die Weggabel, an der wir uns verirren können. Der Glaube, dass Jesus der Sohn Gottes und der verheißene Messias ist, hat wohl noch keinen Menschen geheilt. *Vielmehr heilt dich der Glaube in deiner Seele, dass du geheilt bist.* Das ist das Jesuswort.

Von diesem Glauben hat Jesus gesprochen und seine einzigen zwei Gebote befassten sich mit der Liebe: *Du sollst Gott, den Herrn lieben – und du sollst deinen Nächsten lieben wie dich selbst.* Das ist die Frohe Botschaft dieses Jesus: Gott und sein Himmelreich sind in dir ebenso wie in deinem Mitmenschen. Also liebe Gott in dir, auch wenn er tief in deinem Unbewussten verborgen sein mag, und liebe ihn in der tiefsten Seele deines Nächsten, auch wenn der von der Existenz Gottes in sich womöglich gar nichts weiß. Er ist das selbe ICH wie du.

War Jesus der Sohn Gottes? Wenn Gott in uns ist, dann war er ganz ohne Frage der Sohn Gottes, so wie wir alle Söhne Gottes sind. Besser Kinder Gottes, um nicht sexistisch zu sein und womöglich allein dem Mann göttliche Eigenschaft zuzuschreiben.

War Jesus der verheißene Messias? Ob die Propheten des Alten Testamentes genau ihn als den Messias des erwählten Volkes Gottes verkündet haben, ist mir ehrlich gestanden egal. Die ganze Beweisführung der Apostel und Evangelisten beginnend bei der Behauptung, er sei der Sohn Davids, was er gar nicht gewesen sein kann, weil seine Mutter meines Wissens nicht dem Hause David entstammt – ist nur argumentativer Denksport für die Juden vor zweitausend Jahren. Die ganze Apostelgeschichte ist darauf ausgerichtet, man müsse glauben, er sei der Messias, auf den die Juden gewartet haben. Zwar sind hier auch viele Heilungen überliefert, doch der Rest besteht aus der Forderung, an Jesus als den Messias und seine Auferstehung von den Toten zu glauben. Der Frohen Botschaft von der Erlösung oder wie wir sie finden können wird in der Apostelgeschichte kaum Platz eingeräumt.

Was heißt Erlösung vom Bösen?

Ist das jetzt eine religiöse Abhandlung? Was heißt denn eigentlich Erlösung vom Bösen? Jeder von uns und ich glaube ohne Ausnahme kennt den Zustand, wenn das Himmelreich in uns offen steht und das ist gewiss kein religiöser Zustand. Es ist die Ekstase des Verliebtseins.

Wiewohl nicht von übertrieben langer Dauer ist die Verliebtheit eine Vision der ewigen Seligkeit, die uns Gott von Zeit zu Zeit schenkt. Nicht ohne den Auftrag, aus der Verliebtheit Liebe zu machen. Aber Verliebtsein ist der Himmel auf Erden! Dieser Gefühlszustand ist in unserem Herzen und erfüllt unser ganzes Sein.

Jeder von uns im unterschiedlichen Ausmaß kennt auch die Hölle auf Erden, wenn ich vor Wut zerspringen könnte, weil mir irgendein lieber Mitmensch etwas angetan hat. Jemand hat dir mit dem Auto den Vorrang genommen. Du ärgerst dich und hast auch schon ein kleines Stück Hölle in dir erzeugt. Wenn der Zorn verraucht ist oder das mögliche Missverständnis aufgeklärt, dann endet auch der Gefühlszustand Hölle. In diesem Zusammenhang darf auf die Klugheit unserer deutschen Muttersprache hingewiesen werden, wenn wir sagen: Ich ärgere mich! Also – **wer ärgert hier wen?**

Nicht nur der Himmel ist also in uns, auch die Hölle kann in uns sein, wenn wir sie zulassen.

Kinder spielen „Himmel und Hölle" mit einem gefalteten Papier, wahlweise rot und blau eingefärbt, das man in der einen oder anderen

Weise mit zwei Fingern öffnen kann. Die Kinder haben es wörtlich in der Hand, ob sie auf Himmel oder Hölle weisen. So einfach! Wenn Jesus vom inneren Himmelreich redet, dann redet er in Wahrheit von Psychohygiene: Positive Gefühle versetzen uns in den Himmel und negative Gefühle versetzen uns in die Hölle. Negative Langzeitgefühle machen uns sogar körperlich krank, auch das hat Jesus gewusst. Solange wir unsere negativen Emotionen nähren, in ihnen wühlen oder in ihnen baden, solange wird uns dieser Gefühlszustand *Hölle in uns* nicht verlassen. Für eine Auffrischungsimpfung in Sachen Wut gibt es in der Außenwelt täglich ausreichend Anlässe in Gestalt von Menschen, die uns ärgern, die anders handeln als es uns für richtig erscheint. Die werden dann zu Schuldigen erklärt, warum es uns nicht gut geht. In Wahrheit ist aber nur unsere Aufmerksamkeit auf negative Emotionen fokussiert, weil das unseren Ärger zu recht-fertigen scheint. Wie berechtigt er immer sein mag, leiden werden wir in unserer selbst erbauten Hölle immer selber.

Worauf also richte ich meine Aufmerksamkeit?

Wo dein Schatz ist, da wird auch dein Herz sein! Dinge, die uns wichtig sind, finden ganz von selbst unsere Aufmerksamkeit, wir sind mit dem Herzen dabei. Sind es positive Dinge, dann wird sich unser Herz freuen. Die Wahrnehmung schöner Dinge lässt uns glücklich sein.

Befasst sich unser Gehirn gar mit Liebe, dann hat unser Herz den Himmel gefunden. Damit allerdings Liebe in dir sein kann, muss erst *Friede in dir* sein. Unfriede ist nämlich ein negatives Gefühl. Heute sagt man psychotherapeutisch: Gehe in deinen Alpha-Zustand, das ist der Ruhezustand unseres Gehirns mit Frequenzen zwischen 7 und 14 Hertz. Es gibt eine Reihe von meditativen Techniken, um in diesen Zustand zu kommen. Noch einfacher ist es, wenn *zwei oder drei* Menschen beim Nordic-Walking den rhythmischen Gleichschritt finden.

Alle Gleichnisse Jesu zum Himmel zielen darauf ab, dass zuerst die negativen Emotionen in uns beseitigt sein müssen, ehe Friede und Liebe das Himmelreich in der Seele öffnen. *Wer seinem Bruder zürnt, wird nicht in den Himmel kommen* ist daher keine Drohung mit der Hölle sondern vielmehr eine Diagnose: Mit Zorn im Herzen kannst du nicht glücklich sein, kannst du den Himmel in dir nicht wahrnehmen! *Die Freunde lieben und die Feinde hassen, tun das nicht auch die Heiden?* Soll wohl heißen, liebe deine Feinde, damit du das Himmelreich in dir hast und nicht die Hölle! Aus dem gleichen Grund sollst du auch *siebenmal siebzig mal vergeben*, weil es dir dann gut geht. *Mein ist die Rache, spricht der Herr!* Wenn du sie selber üben musst, bist du nur unglücklich dabei. Ein geglückter Racheakt macht nicht wirklich glücklich, schon gar nicht auf Dauer.

Glücklichsein ist keine Kunst, wenn man es gerade ist.

Für den Unglücklichen aber besteht die Kunst darin, wieder glücklich zu werden. Dazu muss er vom „Bösen erlöst werden", muss er sich von seinen bösen (negativen, verneinenden) Emotionen lösen und seine Wahrnehmung dorthin richten, wo Liebe und Friede in ihm selber sind. Leichter gesagt als getan! Negative Gefühle können viele Ursachen haben. Der ungerechte Vorgesetzte oder der gereizte Arbeitskollege können ebenso eine Quelle des Ärgers sein wie unbewusste Erinnerungen an längst vergangene Verletzungen unserer Seele. Unterteilen wir sie einfach in *störende Gefühle von außen und von innen.*

Ganz außer Zweifel beeinflussen uns Emotionen, die von anderen Menschen kommen. Erst in letzter Zeit wurde von der Wissenschaft die Existenz so genannter *Spiegelneuronen* entdeckt, Nerven, die uns ganz präzise mitteilen, wie es einem anderen Menschen geht. Dabei wissen wir schon längst aus Erfahrung, dass Gefühle – insbesondere aber negative Gefühle – sehr ansteckend sind. Es färbt auf uns ab, wenn wir uns länger in der Nähe eines übellaunigen Menschen aufhalten. Wir werden selber reizbar. Doch das ist seines und nicht unseres! Ein kleines Stück Bewusstheit kann uns schon weiterhelfen: *Gebt dem Kaiser was des Kaisers und Gott was Gottes ist!* Olaf Jacobsen hat dafür eine ganz einfache Formel für eine neue Einstellung gefunden: *Ich stehe dir für deine negativen Gefühle nicht zur Verfügung!* Es ist weder notwendig, noch gesund, noch liebevoll, den Ärger anderer mitzutragen. Damit ist aber nicht gemeint, dass wir für die Schmerzen und das Leid unserer Mitmenschen blind und taub werden sollen. Wir dürfen uns nur nicht davon anstecken lassen und zuletzt in falschem Mitleid mitschwingen.

Ist negative Emotion Sünde?

Weit umfangreicher ist das Feld der negativen Gefühle, die von innen kommen. So ist die *Neurose* eine alte Verletzung unserer Seele, die nur noch in unserem Erinnerungsspeicher Bestand hat. Im Jetzt hat sie keine Bedeutung mehr, außer dass sie sich als Störung ständig in unser Leben einmischt. Ein Beispiel dafür ist der sexuelle Missbrauch von Kindern, dem ich mit meinem Buch „Die Liebe einer missbrauchten Frau" schon sehr viel Aufmerksamkeit gewidmet habe. Dabei geht es hier nur um eine einfache, ehrliche Differenzierung: Was war damals und was ist jetzt? Was damals nützlich gewesen sein mag an Gefühlen, das wird sich heute als Störung der Seele und des Zusammenlebens auswirken.

Der Katalog der negativen Emotionen hat vor allem in den christlichen Kirchen im Laufe der Jahrhunderte viel an Würdigung erfahren. Wegen ihrer Verteufelung als Sünde wurde aber der wahre Sinn eher verdeckt als erhellt. So löst der Befehl „Du sollst nicht neidisch sein!" (mit Donnerstimme von einer Kanzel verkündet) einen Reflex aus: Ich bin nicht neidisch, war es nie! Jesus hat es gut verstanden, die psychologische <u>Bedeutung des Neides</u> darzustellen.

Da suchte der Herr eines Weinberges Arbeiter für die Ernte und vereinbarte mit ihnen einen Tageslohn von einem Denar. Alle zwei Stunden holte er neue Arbeiter nach, die letzten erst zwei Stunden vor Tagesablauf. Als er zuletzt allen, die bei ihm gearbeitet hatten, einen Denar auszahlte, murrten die, die von Früh weg bei ihm waren ob dieser Ungerechtigkeit. Wiewohl sie erhielten, was vereinbart war, freuten sie sich nicht darüber sondern waren neidisch auf jene, die weniger arbeiten mussten. So etwas kann nicht glücklich machen! Sichtbar ist die Aufmerksamkeit auf den falschen Inhalt gerichtet.

Ebenso hat der <u>Geizige</u> Sorge, dass ihm sein Geld abhanden kommt, und der <u>Eitle</u> fürchtet um seine geschönte Fassade, damit nur ja niemand Negatives über ihn denke. Wenn etwas von außen Kommendes seine Eitelkeit stört, gerät er aus der Fassung so wie der

Hochmütige, dessen anmaßende Überlegenheit dann in sich zusammen fällt. Und vollends deutlich wird die Hölle im Herzen, wenn sich jemand anstatt der Liebe auf den Hass verlegt. Hier tritt ein Umstand besonders in Erscheinung, der allen negativen Gefühlen gemeinsam ist: negative Emotionen sind offensiv. Wenn du schon meine Liebe nicht nehmen willst, meinen Hass musst du nehmen! Spricht die Eifersucht. Negative Emotionen veranlassen uns, gegen die Auslöser aktiv vorzugehen, die scheinbaren Täter zu bekämpfen. Wir Menschen glauben gerne, wenn der Feind vernichtet wäre, könnten wir wieder glücklich sein.

Doch der Feind sitzt in uns selber. So lange wir nicht zufrieden sind, sind wir auch nicht glücklich. Unzufriedenheit entsteht oft aus einem ungedeckten Bedürfnis, dessen Erfüllung wir von außen erwarten. Wenn jemand ganz mit sich im Reinen ist, ist er nicht unzufrieden, bzw. er kann die Erfüllung gelassen erwarten.

Jesus hat die Goldene Regel gefunden. *Was du nicht willst, dass man dir tu, das füg auch keinem anderen zu.* Wenn negative Gefühle in andere Menschen hineingetragen werden, dann wird die Zahl derer, die sich rächen wollen und offensiv gegen andere vorgehen, immer größer. Das hat somit eine gesamtgesellschaftliche Dimension. Es gibt Völker, die in Frieden und Freude miteinander leben und es gibt solche, in denen Misstrauen und Feindseligkeit die vorherrschenden Gefühle sind.

Gott ist in uns. Wenn wir mit unseren negativen Gefühlen assoziiert sind, nehmen wir ihn nicht wahr und sind in unserer seelischen Hölle. Ob ich eins bin mit mir und mit Gott in mir oder uneins, das ist immer meine ureigene Entscheidung und ich habe es in der Hand wie die Kinder mit dem Himmel-Hölle-Spiel, welchen Gefühlen ich meine Aufmerksamkeit schenke.

Niemand kann zwei Herren dienen. Erlösung wie von Jesus verheißen ist also nichts anderes als die Empfehlung, erst unsere negativen Gefühle zu erkennen und uns dann von ihnen zu lösen. Sie haben keine Realität, wenn wir ihnen keine zuweisen. Jetzt können wir begreifen, dass negative Emotionen nur dann Macht über uns haben, wenn wir das selber glauben. Der Glaube, dass wir nicht von ihnen gezwungen werden, macht uns gesund. Jesus war der Mann, der den Menschen nicht nur am See Genezareth auf die einfachste Weise zeigte, wie sie sich selbst erlösen können. *Das sind die wahren Inhalte der Frohen Botschaft, die uns heute leider meist nur entstellt erreicht. Gott ist Liebe und üble Gefühle sind nur Gespenster, die wir vertreiben sollten, um in den Himmel zu kommen!* Brauchten wir wirklich zweitausend Jahre und unzählige Kriege, um das zu begreifen? Die Erkenntnisse und Empfehlungen Jesu weisen ihn als den ersten Psychologen der Welt aus und als den Erlöser von unserer Negativität. Denn der Himmel ist heute hier, wenn wir ihn nur wollen.

PS: Wenn Ihnen die dauernde Erwähnung Gottes in dieser Arbeit nicht gefallen sollte, weil Sie nicht an ihn glauben, dann lassen Sie ihn einfach weg. Das Ergebnis ist dasselbe.

18. Mysterien im Christentum   (2018)

Ist der Krieg wirklich der Vater aller Dinge, wie die Römer seinerzeit behaupteten? Also die Erfindung des Buchdruckes hat ganz sicher die Welt verändert, ging aber selber einmal ohne Krieg vonstatten. Natürlich hat der Buchdruck dazu geführt, dass die revolutionären Ideen von Martin Luther eine blitzartige Verbreitung erfuhren und mehr oder minder schnurgerade in die Aufstände der Bauern mündeten.

Bringt man diesen Satz mit Laotse in Verbindung: „Waffenfreude ist Mordfreude", dann engt sich seine Bedeutung schon ganz massiv ein. Waffen werden ausschließlich zum Zweck des Tötens gebaut. Einen anderen Nutzen haben sie nicht, denn Jagdwaffen sind keineswegs mit dem Krieg in Verbindung zu bringen, auch wenn sie die ältere Waffenform gewesen sein mögen.

Die gegenwärtige Welle von Gewalt mit Schusswaffen an amerikanischen Schulen und Universitäten resultiert unmittelbar aus der leichten Zugänglichkeit von Waffen, so als hätte jeder Amerikaner ein verfassungsmäßig garantiertes Recht, zu seinem 7. Geburtstag den ersten Schießprügel zu bekommen. Die Hersteller der Mordwerkzeuge aber bereichern sich am Leid der Opfer, die Macht der Waffenlobby (NRA) ist sprichwörtlich. Verständlich ist das nur durch das Wissen darum, dass nach dem hier vorherrschenden Glauben (Calvinismus) nur eine begrenzte Zahl Erwählter ins Himmelreich eingehen wird und dazu zählen gewiss die Waffenproduzenten. Alles andere ist vorbestimmtes Schicksal und Mitgefühl mit den Opfern daher völlig überflüssig.

Diese Form struktureller Gewalt wird untermauert durch die studienmäßig gesicherte Tatsache, dass in Ländern mit besonders hoher Ungleichheit in der Einkommensverteilung auch die Kriminalität am höchsten ist. Bezeichnenderweise führen die USA diese beiden Statistiken an. Wir steuern in dieser Perspektive die (selbstgemachte) Apokalypse an und kein Gott und kein Teufel haben ansonsten Schuld daran. Die Ursachen dafür liegen jedoch weniger in den Strukturen, sondern vielmehr in den Köpfen der Menschen. Es ist ein Mangel an Wissen.

Mit jeder Entscheidung, die ich treffe, verwirkliche ich einen Wert oder auch Unwert. Das Schicksal eines Volkes ist nicht von einem Gott vorbestimmt, sondern die Folge jener Werte, die mehrheitlich von diesem Volk gelebt werden. Der Glaube an diese Werte wird als absolute Wahrheit empfunden. Wenn aber alles vorbestimmt ist, dann habe ich (bequemerweise) keine Verantwortung zu tragen. Der Mann, dem sich auch der calvinistisch geprägte Puritanismus der Amerikaner verpflichtet fühlt, ist Jesus von Nazareth. Genau dieser Mann hat sich in seinen Predigten gegen die mechanisch ausgeübte Religiosität der Priesterkaste zur Wehr gesetzt. „Wenn dir am Sabbat dein Esel in die Grube fällt, wirst du ihn nicht herausziehen?" Der Sabbat war der Tag, an dem jede körperliche Arbeit verboten war. Rein formal Glaubende hätten das arme Tier einen ganzen Tag lang schmachten lassen ... „Der Sabbat ist für die Menschen da und nicht die Menschen für den Sabbat!"

Der Wanderprediger aus Judäa wurde nicht müde, seine Anhänger immer wieder auf ihr Inneres hinzuweisen und somit auf ihre Verantwortung für ihr Leben und ihre Umgebung. Er forderte Wachheit und Hausverstand und die Geschichte mit dem Esel ist keineswegs eine nur ironische Anekdote, sie ist eine massive Herausforderung an die geistigen Schläfer im Judentum. Seine herausragende Intelligenz und sein Charisma waren die Anziehungspunkte für seine Anhänger und die Auslöser der Wut in seinen Gegnern. Sture Vollziehung religiöser Gesetze war ihm ein Ekel und Menschen, die wie in Traum oder Trance durchs Leben stolpern, hat er mehrfach scharf kritisiert: „Wenn ein Blinder einen Blinden führt, fallen beide in die Grube!"

Ganz offenbar wusste er von der Neigung der Menschen, mit möglichst wenig Gedankenarbeit und geistiger Anstrengung durchs Leben zu kommen. Und er wusste auch von der Verführbarkeit der Menschen, die jede Lüge und jeden Unsinn leichter glauben als eine fundierte Wahrheit. „Die Wahrheit geht zu einem Ohr hinein und zum anderen hinaus, die Lüge bleibt haften (Jaques Lusseyran). Heute hätte Jesus ein riesiges Betätigungsfeld im World Wide Web mit seinen zahllosen Fake news.

Es geht im Leben immer wieder um Bewusstheit und Aufmerksamkeit, um ein Leben im Hier und Jetzt. Es scheint wirklich so zu sein, als hätte der Mensch mit der Sesshaftwerdung seine wache Aufmerksamkeit verloren. Als Nomade war er noch darauf angewiesen, jede Kleinigkeit in seiner Umgebung wahrzunehmen, um nur ja keine Chance zum Nahrungserwerb auszulassen. Seine Augen, seine Ohren und sein Geist waren jederzeit offen und registrierten jede Veränderung in seinem Lebensfeld. Für den Ackerbauern war das jedoch plötzlich keine notwendige Tugend mehr, der war sich seines Überlebens weit eher gewiss und eine Folge davon war seine geistige Trägheit, weil der Anlass zu scharfer Beobachtung und rascher Handlung wegfiel. Use it or lose it! Das Lebenstempo verlangsamte sich sozusagen auf den Grad von Pflanzenwachstum. Alles, was eine rasche Reaktion erforderte, wurde im weiteren Verlauf gar zum Stress.

Das im vegetativen Nervensystem angelegte Gleichgewicht von Sympathikus und Parasympathikus wurde erst dann wieder in den natürlichen Rhythmus zurück gezwungen, wenn sich ein Wolf der Herde näherte oder wenn sich der Nachbar ungerechterweise ein fremdes Feld anzueignen versuchte. Plötzlich war der Ackerbauer wieder hellwach, seine Langsamkeit war vergessen. Der Mensch ist des Menschen Wolf, sagten dazu die alten Römer und meinten wohl so etwas wie das Darwinsche Ausleseprinzip. Lange Friedenszeiten scheinen sich daher mit der menschlichen Natur schlecht zu vertragen und der Krieg ist nun doch wieder der Vater aller Dinge. Der oszillierende Wechsel zwischen Krieg und Frieden begleitet seither die Menschheit. Es scheint manchmal, als könnte nur Kriegserfahrung den Wunsch nach Frieden erzeugen.

Stress, so lange er vorübergehend ist, kann für das Vegetativum also nur positiv sein, wenn er auch keineswegs als angenehm empfunden wird. Wird der Stress nach dem Lustprinzip erfolgreich zurück gedrängt, dann kehrt sofort die Trägheit wieder ein. Zu dieser natürlichen inneren Spannung kam aber mit der Sesshaftwerdung auch noch der äußere Zwang zur gemeinsamen Bewirtschaftung der Gründe und damit zu einer hierarchischen Gestaltung des sozialen Lebens. Gehorsam wurde zum obersten Gebot der bäuerlichen

Sozialordnung. Gehorsam verdrängt jedoch gleichzeitig das eigenständige Denken und führt damit in der Regel zur geistigen Trägheit. Und der Gehorsam eines Industriearbeiters unterscheidet sich in nichts von dem eines Bauernknechtes. Gehorsam engt die Aufmerksamkeit ein auf jene Schnittmuster, die nach der Vorstellung des patriarchalischen Vaters oder Industriebosses zulässig sind. Alles andere gerät an den Rand des Blickfeldes. Eigenständiges Denken und Intuition, mit einem Wort rasche Auffassungsgabe für das Ganze wandern aus dem Fokus der Bewusstheit. Der Mensch ist nicht mehr das hellwache und kreative Wesen, als das er ursprünglich angelegt war. Die Unbewusstheit wird schon in der Kindheit zu seiner zweiten Natur, seine Lebendigkeit muss verdrängt werden, damit er in einer modernen Welt überleben kann. „Was nicht gedacht werden darf, das kann auch nicht gedacht werden." (Erich Fromm)

Es zeigen sich nun sonderbare Ventile im Denken der Menschen. Die Phantasie treibt die wildesten Blüten und das Unwahrscheinlichste wird plötzlich glaubhaft, weil der unmittelbare Zugriff auf die Wahrnehmung der Realität verloren gegangen ist. Nichts Aufregenderes als Mysterien könnte jetzt den menschlichen Geist beflügeln als Ersatz für die verlorene Realitätsnähe. Des Kaisers neue Kleider fallen der aufgezwungenen Wahrnehmung zum Opfer und nur ein unvoreingenommenes Kind ist in der Lage zu erkennen, dass der gute Mann in Wahrheit nackt ist.

Mit mysteriösen Fragen kann man sich aber auch interessant machen. Ich erinnere mich mit einem gewissen amüsierten Widerwillen an einen Abteilungsleiter im öffentlichen Dienst, der anlässlich einer Dienstbesprechung, unausgesprochen zum Thema Mysterien in Esoterik und Synchronizität, schicksalsträchtige Fragen sonder Zahl stellte, sie sämtlich unbeantwortet ließ, weil sie wohl auch nicht zu beantworten waren, nur um uns andächtige Zuhörer über einen tieferen Sinn rätseln zu lassen, den ganz sichtbar nur er selber zu erfassen in der Lage war. Zwar ist es heute bei Therapeuten Mode, offene Fragen zu stellen, ohne sie zu beantworten, doch was sich damals abspielte, lag an der Grenze zur Lächerlichkeit. Das führt mich nun ohne Umschweife genau ins Zentrum meiner Überlegungen.

Da wandert ein hochbegabter Mann mit einer unbekannten Zahl von Anhängern – unvorstellbar, dass nicht auch Frauen dabei gewesen sein sollten – durch die karge Landschaft von Galiläa und Judäa und versucht diesen Menschen den unmittelbaren Zugriff auf die Realität näher zu bringen. Sie bewundern ihn und lieben ihn, weil sie genau spüren, dass er einfach Recht hat. Er erzählt ihnen unterwegs seine Geschichten und die sind so beschaffen, dass sie allesamt eine Botschaft beinhalten. So erzählt er ihnen von einem Weinbauern, der sich Arbeiter holte und mit ihnen den Tageslohn ausmachte. Zwei Stunden später holte er noch einmal Arbeiter nach und später noch zweimal. Es bleibt unausgesprochen, dass er jeweils die traurigen Gesichter jener sah, die bei ihm nicht zum Zug kamen. Und am Abend gab er jedem von ihnen den vollen Tageslohn, um darauf hinzuweisen, wie leicht man Neid mit Gerechtigkeit verwechseln kann. Wo jeder spontan an Ungerechtigkeit denkt, weist er die Neidischen nur auf die Erfüllung seines Vertrages hin. Und er tut es ohne erhobenen Zeigefinger. Auf diese Weise zeigte Jesus seinen Anhängern, dass der Neid nur unglücklich macht, ansonsten aber nichts bewirkt.

Vielleicht werden sie nicht alle seiner Geschichten verstanden haben, aber eines haben sie sicher mitgenommen von seinen Lehren: Egoismus ist kein gutes Lebensmodell. Immer wieder versucht er die Selbstheilungskräfte in den Menschen zu mobilisieren, sie zu eigenständigem Denken anzuhalten. Er erzählt ihnen vom Hirten, der seine Herde zurücklässt, um das eine verirrte Schaf zu finden und über die große Freude des Hirten, als er dieses Lamm wieder in die Herde zurückführen kann. Das ist sicher eine seiner vielschichtigsten Erzählungen. Er redet vom Stress des verirrten Menschen, der die Orientierung verloren hat, und von der Menschlichkeit, ihn zu suchen und zu retten. Er redet vom verirrten Menschen als einem, dem der Halt an sich selber verloren ging und dessen Rettung nichts anderes bedeutet als Umkehr und Wiederfinden des inneren Wegweisers. Er redet vom Vertrauen in die Herde der Gerechten, die so selbstständig sind, dass der Hirte sie allein lassen kann. Man muss Jesus in seinen Erzählungen nur genau zuhören, um zu sehen, wie gut er das Leben und dessen Abläufe verstand.

Er wusste um die Denkfaulheit der Menschen und ihre Neigung, aus einem schönen Moment eine Gewohnheit machen zu wollen, anstatt jede Minute und jede Stunde als neu und bereichernd zu erfahren. So wird aus einem schönen Augenblick über die Gewohnheit ein Ritual und wenn wir das über ein Jahrtausend beibehalten, haben wir – aus lauter schönen Momenten der Vergangenheit wie Makros zusammengesetzt – ein Messopfer, den Gottesdienst. Wo aber soll ich ein Opfer sehen, wenn ich mich in die Weisheit Jesu versenken darf, seine Liebe zu den Menschen erfühlen? Spüren, dass sie auch mir gilt? Ritualen kann man immerhin zugute halten, dass die ewigen Wieder-holungen eine angstlösende Wirkung haben. Bewusstseinsbildend wirken sie aber sicher nicht! Wenn ich am Sonntag in die Gesichter der Gläubigen schaue, dann wirken diese Rituale eher abstumpfend.

Wozu brauchen wir einen Gottesdienst? Gott ist kein orientalischer Despot wie König Herodes, der sofort verschnupft reagiert, wenn wir ihm nicht die gebührende Achtung erweisen. Er erwartet sicher nicht, dass wir uns vor ihm in den Staub werfen und ihm die Füße abschlecken. Gott ist so weit weg von jeder menschlichen Zuordnung oder Verständlichkeit, dass es für mich lächerlich ist, ihn anzubeten. Er hat das einfach nicht nötig und es liegt ihm auch nichts daran! Daher habe ich vor einiger Zeit einen Lachanfall bekommen bei der Textstelle des Te Deums: ... rufen dir stets ohne Ruh heilig, heilig, heilig zu! Wenn ich mir vorstelle, ein Kranz von Engeln um mich her, der ununterbrochen „Heilig!" schreit, ich hätte dem diensthabenden Erzengel wegen seiner Programmgestaltung schon längst eine geklebt und ihn umgehend vom Dienst suspendiert!

Wie weit weg ist doch unser „gelebtes" Christentum vom guten Hirten, den man trotz aller Zweifel aus allen Gleichnissen in der Bibel herauslesen kann. Er spricht von Gott als einem liebenden Vater, zu dem wir alle heimkehren können. Er spricht davon, dass wir alle die Reben eines Weinstocks sind, wir also alle zusammen gehören. Er nennt es eine frohe Botschaft, dass das Himmelreich nahe und dass der Himmel in uns ist. Seit den Tagen von Nag Hammadi und Qumran wissen wir allerdings auch einiges mehr über unser Neues Testament und dass hier nachträglich einiges eingefügt und anderes dafür weggelassen worden ist. Man muss dabei nicht von vornherein böse Absicht vermuten. Es genügt das Wissen um die Entstehung der ersten Evangelien frühestens 20 Jahre nach dem Tod Jesu. Wer nur einmal „Stille Post" gespielt hat, weiß, dass sich die Bedeutung eines Wortes in weniger als einer Minute völlig verändern, ja sogar ins Gegenteil verkehren kann. Bei allem Bemühen um Redlichkeit können sich also Begebenheiten in die Heilige Schrift geschwindelt haben, die in dieser Form nie gesagt wurden oder geschehen sind. Da muss nur die ehrliche Begeisterung mit einem kleinen Schreiber durchgegangen sein und schon haben wir ein menschliches Wort, das sich als Wort Gottes tarnt. Nachträgliche Beschönigungen oder Dramatisierungen von ursprünglichen Geschehnissen entstünden aus dem selben Geist. Auch mannigfaltige Übersetzungsfehler aus dem Griechischen ins Lateinische und später ins Deutsche tragen ihr Teil zur Verunsicherung der Gläubigen bei.

Am verwerflichsten ist es allerdings ohne Frage, wenn jemand seine für sich gefundene Wahrheit als die allein selig machende ausgibt und sie anderen aufzuzwingen versucht. Leider ist die Kirchengeschichte voll von solchen Anfechtungen des Teufels, von dem wir aber in Wahrheit noch weniger wissen als von Jesus. Nicht nur dass im Mittel-alter zeitweilig das Lesen der Bibel bei Strafe verboten war, so war es auch gefährlich, die Bibel anders zu verstehen, als es die Amtskirche lehrte. Man war schnell da mit dem Vorwurf der Irrlehre und das insbesondere in Bereichen, die dem reinen Glauben vorbehalten waren. Unter reinem Glauben verstehe ich null Beweisbarkeit, dafür viel Intoleranz der gläubigen Mehrheit. Arianismus und Manichäismus sind solche Beispiele zur Gotteseigenschaft Jesu, die mit mensch-lichem Gehirn weder bewiesen noch widerlegt werden kann. Dass Reformbestrebungen in der Kirche nachhaltig bekämpft wurden, ist keine Neuigkeit. Manches davon war dem römischen Christentum ethisch deutlich überlegen wie etwa die Lehre der Albigenser. Und Martin Luther hatte Glück, dass er nicht so endete wie Savonarola 20 Jahre zuvor, denn ihre kämpferischen Inhalte (Ablasshandel) waren die selben! Und nicht wenig Blut und Scheiterholz kostete vor 700 Jahren auch der Streit um die sogenannte Transsubstantiationslehre. Ist Jesus nach der

Wandlung in der Messe in Brot und Wein tatsäch-lich mit Fleisch und Blut anwesend oder nur symbolisch?

Beim sogenannten letzten Abendmahl saß er mit seiner Freundes-runde zusammen. Noch einmal, ich habe keinen Zweifel, dass auch da Frauen dabei waren. Jesus war kein Idiot, er wusste, was sich über seinem Haupt zusammenbraute, oder er fühlte es zumindest. Ein letztes Mal wollte er mit den Menschen speisen, die ihm am nächsten standen. Er wusste, was ihm blühte, denn ungestraft kann man die jüdische Priesterschaft nicht so provozieren wie er es tat und die Römer schon gar nicht. Für die genügte es schon, dass er in der Lage war, tausende Menschen in Bewegung zu setzen. So etwas roch immer nach Aufruhr und auf Revolten reagierte Rom grundsätzlich mit dem Kreuz. Er wusste folglich ohne Zweifel, dass er mit dem Kreuz zu rechnen hatte.

Er wusste auch, wie es dem Häuflein von Menschen gehen würde, das sich jetzt noch um ihn drängte. Welches Vermächtnis konnte er ihnen zum Trost hinterlassen? Ihm selber machte der Tod möglicherweise keine Angst, weil er wusste wie er auferstehen konnte. Aber seine Leute würden nach seinem Tod durcheinander rennen wie die aufge-scheuchten Hühner. Wie konnte er sie beruhigen und stabilisieren? Vielleicht fiel sein Blick auf den Weinkrug und ich vermute dringend, dass es Rotwein war. Sein Blut zu seinem Gedächtnis, naheliegend dass das Brot zum Leib wurde. Und so sagte er ihnen das auch mit dem Ziel: „Ich bin bei euch bis ans Ende der Tage!" Ganz sicher wollte er wie ich glaube keine Totemmahlzeit mit seinen Leuten feiern mit sich selbst als Opfertier.

Nach menschlichem Interpretationsvermögen sagte er (stellvertre-tend): „Das ist mein Blut!" Er sagte aber sicher nicht: Ich bin der Wein! Der Wein als Symbol der Blutes ist daher eine zulässige Auslegung seiner Worte. Weil er aber wusste, wie leicht Menschen mit mystischen Ideen zu begeistern sind, sagte er vielleicht ohne Worte dazu: „Und ich bin leibhaftig da drin!" Sich deshalb gegenseitig die Köpfe einzuschlagen, war allerdings ganz gewiss nicht seine Absicht. Das war die Leistung fanatisierter, kleingeistiger Menschen!

Was kein Mensch wissen kann, ist aber immer in Reichweite eines Religionskrieges. Ich habe vor Jahrzehnten einmal irgendwo gelesen, ein Chemiker habe sich einer konsekrierten Hostie durch Diebstahl bemächtigt und sie dann analysiert. Er fand Mehl. Ist es nicht so, dass diese ganze Diskussion über die Substanz der Hostie von der Wahrheit Jesu eher ablenkt? Umberto Eco hat in seinem berühmten Roman „Der Name der Rose" diese Ablenkungsmanöver deutlich gemacht mit der lächerlichen Diskussion: Hat Jesus ein hä'renes oder ein linnernes Gewand getragen? Für mich hat das den gleichen Stellenrang wie die leibliche Aufnahme Mariä in den Himmel, einen Himmel, der aber kein physischer Ort ist. Ein Mysterium, keine Frage! Leider ein von Menschen erschaffenes Mysterium.

Am Tag nach dem letzten Abendmahl entstand das weitaus größte Mysterium rund um Jesus, den Nazarener. Er wurde gekreuzigt, ist gestorben und wurde begraben, so die Schriften. Wegen der heftigen Misshandlungen vorher hat seine Todesqual nur drei Stunden gedauert und nicht wie bei vielen Gekreuzigten zwei bis drei Tage und außerdem hätte er noch an diesem Freitag vom Kreuz abgenommen werden müssen, weil am nächsten Tag das Passah-Fest gefeiert wurde. Das alles waren die Rahmenbedingungen, doch was seine Anhänger viel mehr beschäftigte, war die Frage nach dem Sinn seines Todes, wenn er doch selber sagte: „Ich und der Vater sind eins!"

Warum lässt der Vater den Tod des Sohnes zu? Wo ist der Sinn dieses sinnlosen Todes? Wann immer der menschliche Verstand keine einleuchtende Antwort findet, beginnt er Vermutungen zu konstruieren. „Es hat keiner eine größere Liebe als der, der sein Leben hingibt für die Seinen." hatte er einmal gesagt. Seine Anhänger wussten von seiner großen Liebe zu ihnen, sie war ihnen lebhaft in Erinnerung. War er für sie gestorben? Gewissermaßen als Bauernopfer, damit die Aufmerksamkeit der Behörden von ihnen abgelenkt würde und sie weiter in Frieden leben könnten? Aber es ging ihm ja wohl nicht um sie allein, es ging ihm um alle Menschen. War er also für das Heil aller Menschen gestorben? Doch niemals hätten die Römer alle Menschen töten können, nicht einmal alle Juden. Das hätte nur Gott selber gekonnt. Also war Jesus gestorben, damit Gott nicht noch einmal eine Sintflut über die ganze Menschheit kommen ließe. Und warum hätte er dies tun sollen? Ja weil alle Menschen Sünder sind! Gott, von den vielen Sünden der Menschen beleidigt, hat also das Opfer seines Sohnes angenommen und wurde durch seinen Tod mit der sündigen Menschheit versöhnt. Wenn das wirklich die Absprache zwischen Vater und Sohn war, dann ist sie an Skurrilität nicht zu überbieten. Doch genau das wurde von der römischen Kirche zum Dogma gemacht! Ein Mysterium des Glaubens, weil Mysteriöses immer dann auftaucht, wenn niemand eine plausible Erklärung liefern kann. Außerdem prägt sich ein solch verrückter Gedankengang ganz sicher leichter in die Gehirne der Menschen ein als etwas Logisches.

Ich sehe das wesentlich prosaischer. Jesus trat für seine innere Wahrheit ein und diese Botschaft war ihm sehr wichtig. Dass viele Hunde aber des Hasen Tod sind, muss ihm bei seiner Intelligenz spätestens bei der Halbzeit seiner Lehrtätigkeit bewusst gewesen sein. Er kann das Endergebnis, seinen Tod, daher nur bewusst in Kauf genommen haben, weil er seine Botschaft der Liebe für wichtiger hielt als sein Leben. Er wusste aber auch über das kurze Gedächtnis der Menschen Bescheid. Einmal ehrlich: Was wüssten wir von Jesus von Nazareth, wenn er nicht diesen grausamen Tod gestorben wäre? Vielleicht wäre gerade einmal die Goldene Regel gewissermaßen als Folklore von ihm erhalten geblieben, namenlos und ohne Autor, das ist bekanntlich das Wesen eines Volksliedes. Der übrige Teil seiner Botschaft wäre versandet. Ehrlich, welcher Verlust!

Die Botschaft Jesu ist in zwar entstellter Form aber noch immer verfügbar. Wir hätten mit ihr zu tun, was er seinen Anhängern immer gepredigt hat: hellwach sein, nachdenken und eine eigene Meinung finden! Genau das aber gefiel der beamteten Kirche weniger, weil sie ein Bündnis mit dem römischen Imperium eingegangen war. Ja bereits vor der Befreiung der Kirche durch Konstantin den Großen haben die Denkmuster des römischen Staates in die junge Kirche Einzug gehalten. Man kann es an der Redaktion zum verbindlich Machen der Heiligen Schriften ablesen. Wie die Welt wollte auch die Kirche mit ihrer Lehre im Recht sein.

Wer unbedingt Recht haben muss, stellt vorzugsweise eine These in den Raum, die nicht beweisbar ist. Sie ist dann nämlich auch nicht widerlegbar. Mir scheint, dass in annähernd zweitausend Jahren Christentum solche Thesen mit mysteriösen Inhalten weit mehr an Beachtung fanden als das Gebot Jesu: Liebt einander wie ich euch geliebt habe. Wäre ihm wirklich an einer Höherentwicklung der Menschen eher nach dem Prinzip der Zuchtauslese gelegen, dann hätte er andere Worte verwenden müssen. So aber sah er bei den Menschen ein übermächtiges Maß an Feindseligkeit, Kampf und Krieg und wusste, dass er hier nur dagegenhalten konnte, um Sympathikus und Vagus wieder ins Gleichgewicht zu bringen. Aus seinen Empfehlungen können wir rückschließen, dass er seine Mitmenschen für angst- und stressbesetzte Leute hielt, die ihr Misstrauen kaum unter Kontrolle halten konnten. Wenn das heißt, dass er damit den Menschen weniger für böse als neurotisch-defizitär ansah, dann kann man der Diagnose auch heute nur zustimmen. Und für die Therapie gilt noch immer: Kümmere dich um das Heil deiner Seele! Je mehr Glauben, Vertrauen und Zuversicht wir in uns fühlen, umso eher gelingt unser Leben.

Unter dem Diktat der Neurose aber wird die Entwicklung invertiert, denn plötzlich werden die Nebensachen zu Hauptsachen und die wahren Absichten Jesu werden verschleiert und an den Rand gedrängt. Sollte Jesus heute wiederkehren, er würde wieder gekreuzigt, sagt Dostojewski in seinen Brüdern Karamasow.

Warum hat sich die Frohbotschaft in eine Drohbotschaft gewandelt? Ich glaube, der Fehler ist sehr früh passiert, nämlich mit dem Konzil zu Nicäa im Jahr 325. Es war ein ähnlicher Vorgang wie der zwischen Nomaden und Ackerbauern. Die Verfolgung der Christen war zu Ende gegangen und Kaiser Konstantin holte schon mit dem Edikt von Mailand die zahlreichen Christen auf seine Seite. Froh den Nachstellungen der Christenverfolgung entronnen zu sein, glaubten sie vermutlich voller Naivität an das gute Herz des Kaisers und vergaßen dabei, dass der Mann nicht nur Heide sondern auch Politiker war. Willig folgten sie ihm und der herrschenden Neurose und brachten ihren Glauben auf seinem Altar als Opferlamm dar. Dem Kaiser lag primär die Erhaltung des Reiches am Herzen und nicht die aufmüpfige Botschaft eines gekreuzigten Rebellen aus Judäa. Unter seinem Zepter entstand schließlich das Glaubensbekenntnis, das wir heute unverändert noch „beten"; es entstand aus dem Geist der Antike und war von einem Heiden diktiert. Mit gewissermaßen beamteter Sorgfalt erzählt es den Lebenslauf des Nazareners mit wohl wahren wie auch behaupteten Fakten. Von seiner Liebe, seiner Lehre und seiner Friedensbotschaft steht natürlich kein Wort drin. Liebe ist kein geeigneter Schlachtruf für einen Soldatenkaiser! Der Befreier des Christentums war damit zugleich der Mörder seines ursprünglichen Geistes. Doch einem so guten Kaiser folgte man willig! „Die Inspiration ging und die Institution kam" beschrieb Adalbert Erler die Zeit am Beginn des 4. Jahrhunderts. Die Frohe Botschaft war durch einen gerissenen Politiker umfunktioniert worden in ein Instrument zur Erhaltung der gesamtgesellschaftlichen Neurose in Gestalt des Römischen Imperiums.

Die beharrenden Kräfte und seine Herdentiere hatten die Oberhand gewonnen und die Lehre Jesu in das Korsett gezwängt, in dem die Kirche heute noch steckt. Nichts ist zu spüren von der kindlichen Neugier und der Suche nach stündlich neuen Dimensionen menschlichen Denkens und Daseins, von der Freude der Frohen Botschaft und der Kreativität wacher Menschen, so wie Gott sie ursprünglich erschaffen haben mag. Die Amtskirche ist der letzte Schatten des untergegangenen Römischen Reiches. Die Erhaltung dieses Schattens ist keineswegs der Auftrag Jesu, sondern noch immer der autoritative Befehl Konstantins des Großen.

19. Warum will ich Christ sein? (2017)

Eine Differentialanalyse

"Das Christkind gibt es doch gar nicht!" sagte einst ein Schulkamerad mit 10 Jahren, sichtlich stolz auf sein neues Wissen aus der Welt der Kinder. "Das Christkind ist Gott und Gott gibt es!" entgegnete mein fünfjähriger Bruder mit aggressiver Schärfe und machte alle Anstalten, auf den größeren loszugehen. Das war gewissermaßen ein Religionskrieg auf kindlicher Stufe!

Kürzlich war ich beeindruckt von einem jungen Moslem, der unsere Unterhaltung unterbrach, seinen Gebetsteppich holte und sich darauf kniete. Ich habe eine andere Form zu beten; ich neige meine Stirn nicht auf die Erde. Ich bin Christ. Doch warum sollte Christentum besser sein als Judentum oder Islam? Bin ich nur Christ, weil ich zufällig in Mitteleuropa geboren wurde? Geboren in einer Gegend, wo vor Jahrhunderten die Gegenreformation wirksam wurde und daher obendrein noch Katholik? Was unterscheidet mein Christsein von anderen Glaubensgemeinschaften? Ist es nicht egal, an welche Gestalt von Gott ich glaube? Diese Frage ist sicher nicht neu.

Es ist die gleiche naive Frage wie vielleicht die eines Patriziers im 1. Jahrhundert in Rom: Warum soll ein gekreuzigter Rebell aus Palästina wirksamer sein als Jupiter? Warum soll er überhaupt der einzige Gott sein? Diese Frage haben die Frühchristen garantiert sehr oft zu hören bekommen.

Die Konkurrenz des einzig wahren Gottes zur üblichen Vielgötterei ist auch heute noch in der christlichen Religion spürbar. Du wirst verpflichtet, an diesen einen wahren Gott zu glauben und ihn in der Messe zu bekennen, wenn du dich Christ nennen willst (Glaubensbekenntnis vom Konzil zu Nicäa im Jahre 325, unverändert bis heute!). Ich spüre dabei aber den gleichen Widerstand wie der naive Römer seinerzeit. "Der ist der wahre! Die anderen sind falsche Götter!" Warum bitte? Ist er nicht genau so wie Herkules und andere der Sohn eines Gottes und einer Menschenfrau? War die Antike nicht voll von Halbgöttern? Muss ich mein eigenständiges Denken aufgeben, um blind zu glauben, muss ich entmündigt werden, damit ich christlich glauben kann? Haben nicht die Anhänger des Mithraskultes ganz ähnliche Dinge behauptet? Genügt es, einen Götterkopf einfach auszutauschen, um einen definitiv wahren Gott anbeten zu können? Wo ist der Unterschied zwischen diesem neuen Gott und den altbekannten Gottheiten, die sehr bald als heidnisch bezeichnet wurden?

Die Abgrenzung des Christentums gegen die antiken Religionen war so radikal, dass sie Verfolgung nach sich zog. Eine Statue des Jesus von Nazareth im Pantheon wäre für die Römer kein Problem gewesen, doch als die sich weigerten, den göttlichen Cäsar als Gott zu verehren, waren die Christen geliefert. Auf dieser Welt ist es nicht zulässig, den Herrschenden den Gehorsam zu verweigern. Das sollte später auch noch an den christlichen Herrschern abzulesen sein, die sich mehrheitlich kein bisschen von ihren heidnischen Amtskollegen unterschieden. Ausgenommen natürlich die Roben, die man ihnen übergestülpt hatte, sie trugen Kreuze anstatt Rabenflügel wie bei ihren Vorfahren.

Der germanische Gott Donar kommt, wenn sich im Westen schwarze Wolken aufbauen. Das glaube ich. Nichts konnte einen alten Germanen mehr in Furcht versetzen als der Donner (Donar) in einem Gewitter. Dass Donar aber aus den Stäbchen eines Runenorakels spricht, ist ebenso Spekulation wie die Zukunftsvorhersage der römischen Auguren aus den Gedärmen der Opfertiere. Das entspringt nur dem menschlichen Bedürfnis, die Angst vor ungewissen Ereignissen in der Zukunft zu begrenzen. Wenn sich die Vorhersage gemäß den Gesetzen der Normalverteilung gelegentlich als richtig erwies, was unvermeidlich ist, dann wurde die Wahrheit der Aussage einem Gott zugeschrieben. Dass dieser Gott nicht Statistik hieß, ist ausschließlich dem Bedürfnis nach Glauben zuzuschreiben. War man aber mit einem Gott nicht zufrieden, meinetwegen mit Mars, weil man gerade erst eine Schlacht verloren hatte, dann wandte man sich zu allen Zeiten in Hinkunft eben an den Schmied anstatt des Schmiedls, also an Jupiter meinetwegen oder einen anderen der Olympier, mit dem man sich noch keine Enttäuschungen zugezogen hatte.

Soll es so ähnlich auch hierzulande geben! Wenn in Oberösterreich ein schwerhöriger Mensch als "taube Kapelle" bezeichnet wird, kann das nur bedeuten, dass auch wiederholtes Beten in Kirchen oder Kapellen bei Gott und den Engeln kein Gehör gefunden hat. Die Kapelle wird somit zum Synonym für Gottes Schwerhörigkeit. Wie man heute leicht den Partner wechselt, so kann man ja auch die Kapelle wechseln oder gar die Religion. Verschiedentliche Versuche, die keltische Religion mit ihren angeblichen Wundertaten wieder zu beleben, zeugen ebenso davon wie vielleicht auch der jämmerliche Glaube an eine zwölfarmige Göttin aus Indien. Alles was du in meditativer Haltung tust, bringt dich deiner Rückverbindung zu Gott näher und keines davon ist besser als ein anderes! Es kommt letztlich nur auf dein Inneres an, das ist meine Erfahrung und meine Überzeugung.

Ludwig Feuerbach gelang eine meisterhafte Beobachtung in unmittelbarer Ableitung aus dem Alten Testament: "Und der Mensch schuf Gott nach seinem Ebenbilde". Zeus, Hera, Apollon, Ares und die ganze griechisch-römische Götterwelt sind nach seiner Vorstellung Projektionen von menschlichen Verhältnissen und Wunschvorstellungen. Doch auf einmal soll gar nur noch einer alle ihre Fähigkeiten bedienen? Auf einmal soll Jesus die Fertigkeiten aller Bewohner des Olympos in sich vereinen? Für einen durchschnittlichen Römer war das sicher nicht einfach nachzuvollziehen. Für einen Sklaven schon eher, wenn ihm in den Augen Gottes der selbe Rang zukam wie einem Patrizier. Wollte man es berechnend sehen: auch einem Wähler in der modernen Demokratie wird alles Mögliche versprochen, wenn er seine Stimme nur für die "richtige" Seite abgibt.

Sind wir uns dessen eigentlich bewusst, woran wir glauben oder besser, warum wir überhaupt glauben müssen und wollen? Mittlerweile weiß man aus der Gehirnforschung, dass es ein Areal gibt in unserem Denkapparat, das für den Glauben zuständig ist. Dieser Bereich, hinter dem linken Ohr angesiedelt, will betätigt werden, wenn nicht mit echtem Glauben, dann eben mit Aberglauben. Dieses Gehirnareal reagiert in der Computertomographie mit verstärkter Aktivität auf Meditation, Gebet und religiöse Themen und es kann bei Stimulation durch Magnetfelder religiöse Visionen und Zustände der

Erleuchtung erzeugen. Das ist sorgsam zu unterscheiden von Glaubenszuständen, die dem oder besser gesagt einem Mangel im präfrontalen Cortex geschuldet sind. Da können sich abenteuerliche Welten auftun, die - wenig erstaunlich - weit mehr bei Außenstehenden Heiterkeit erregen als bei jenen, die im vollen Glauben Unsinn produziert haben.

Ich erinnere mich mit großem Vergnügen an eine vor über vier Jahrzehnten gesellschaftlich durchaus hoch gestellte Dame, in deren Einflussbereich damals auch die Bewährungshilfe für die Resozialisierung Haftentlassener angesiedelt war. Sie neigte dazu, ihre wohlgemerkt ausschließlich ehrenamtlichen Mitarbeiter mit Argusaugen zu beobachten und alle womöglich schädlichen Entwicklungen im Keim zu ersticken. Mein Freund Erwin, nicht gerade zu dezenter Zurückhaltung neigend, war ihr offenbar wegen seiner scharfzüngigen Äußerungen schon aufgefallen und um ihn zeitgerecht in den Griff zu bekommen, streute sie das Gerücht aus, Erwin und ich - wir wohnten im selben Haus - seien schwul, obwohl wir unsere Adresse mit unseren Frauen teilten.

Anlässlich einer Fortbildungsveranstaltung für Sozialarbeiter lernte ich später die ebenso bekannte wie berüchtigte Frau Doktor kennen. Sie stieß zu uns, als ich mich bereits mit einem von mir sehr geschätzten Psychologen der Arbeitsmarktverwaltung unterhielt. Mit schnattern-der Begeisterung ließ sie sich gleich auch an unserem Tisch nieder, nachdem ich mich vorgestellt hatte. Der vortragende Professor der neuen Pädagogischen Universität in Klagenfurt legte uns alsbald den ersten Auftrag zur Übung von Kommunikation vor. In der Dreiergruppe sollte Nr. 1 die Nr. 2 interviewen und die Nr. 3 war Beobachterin. Nach fünf Minuten sollte sich das Rad weiterdrehen und 2 die 3 befragen und so weiter. Nach fünfzehn Minuten wurde erwartet, dass jeder seine Beobachtungen an die Tafel schrieb, die dafür bereit gestellt worden war.

Unsere liebe Frau Doktor erklärte unumwunden, dass sie als erstes mich befragen wollte und legte auch gleich los. Nach Ablauf der Gesamtzeit hatte sie alles über die privaten und freundschaftlichen Verhältnisse von Erwin und mir aus mir herausgeholt. Wie der

Professor dann den Zeitablauf verkündete, erhob sich Frau Doktor alsgleich und schwebte selbstzufrieden davon. Der Psychologe nahm mich am Arm mit zur Tafel und begann zu notieren. Als eine komplette Spalte von oben bis unten voll geschrieben war, kehrte unsere Frau Doktor wieder. Ihr grenzenloses Selbstvertrauen ließ die Wahrnehmung nicht zu, dass der Psychologe eben noch seine Hände vom Kreidestaub abklopfte, und begann lauthals die Stichworte vorzulesen: "Autoritär, überheblich, distanzlos, bohrend, nötigend, respektlos, bevormundend, Inquisition, Vorurteile, kein Einfühlungs-vermögen" und so weiter. Als sie am Ende ihrer eigenen Litanei angelangt war, sagte sie selbstzufrieden: "Gut dass das nichts mit uns zu tun hat!"

Ganz ohne Frage glaubte sie an zwei Dinge: an ihre Großartigkeit und ihre Fehlerlosigkeit! Frau Doktor war absolut eine Glaubende, doch keineswegs eine Gläubige im Sinne dieser Arbeit. Ihr Mangel an Selbstreflexion saß in ihrem Stirnhirn, auch wenn man das damals noch nicht wusste. Sie war eine überbordende Narzisstin.

Hingegen steht der Glaube der angeblich nicht Glaubenden dem Thema schon bei weitem näher. Sind sie nur gegen einen Glauben an Gott, dann nennt man sie Atheisten. Weiß Gott, was sie glauben, denn nicht zu glauben ist gleich viel wert wie zu glauben. Unser Unbewusstes kennt das Wort "nicht" nicht! Dann glauben sie eben, nicht zu glauben. Vielleicht glauben sie aber einfach nicht an das von Menschen geschaffene Gott-Wesen, den Ober-ober Chef des Him-mels und der Erde, den von Orientalen geschaffenen Potentaten eines orientalischen Himmels. Es ist schon viel philosophiert worden im Verlauf der Menschheit, um zu ergründen, wer oder wie die Götter wären. In diesem Punkt bin ich fraglos Agnostiker, weil ich überzeugt bin, dass ein Mensch mit seiner bescheidenen Hirnkapazität das Wesen Gottes nicht zu erfassen in der Lage ist. Ich möchte daher den zahllosen Spekulationen keine weitere hinzufügen. Trotzdem beschäftigen mich Ansätze, die weniger mit Gott, dafür aber viel mit Glauben zu tun haben und mit seiner Funktion für das Leben der Menschen, insbesondere seine soziale Regulation, die in allen heiligen Schriften zum Ausdruck kommt.

In den Schriften des Judentums finden sich zahlreiche Abbilder des menschlichen Lebens, eines durchaus prallen Lebens mit viel an Freude und ebenso viel an List, Betrug und Gewalt. Gerade die Formel von "Aug um Aug und Zahn um Zahn" gilt für uns Christen, die wir diese Schriften als Altes Testament bezeichnen, als Inbegriff einer archaischen Gottesvorstellung. Wut und Rachebedürfnis scheinen aus dieser Formel zu sprechen, doch das gerade Gegenteil wird sichtbar, wenn man den Satz in seinem innersten Gehalt anschaut. Natürlich löst Körperverletzung Wut aus und je ursprünglicher eine Gesellschaft ist - um nicht zu sagen, je primitiver - umso mehr löst die Verletzung ein Rachebedürfnis aus. Gibt es keine die Wut begrenzende Einschränkung, dann kann auf eine solche Verletzung sehr leicht Mord und Totschlag folgen. "Aug um Aug" ist diese Begrenzung und sie verlangt nicht mehr und nicht weniger, als dass auf ein ausgeschlagenes Auge eben kein Totschlag erfolgen darf. Das ist sinnvoll für den Einzelnen, der sein Leben behält, und für den Rache Übenden, der somit lernen kann, seine ausufernden Wutausbrüche in Kontrolle zu bekommen. Sinnvoll ist es jedoch auch für den Weiterbestand des ganzen Volkes, das sich ohnehin von allen Seiten unter Bedrängnis sah. Die für uns Nachgeborene so schreckliche Forderung nach einer Justiz von "Zahn um Zahn" äußert sich also bei genauerer Betrachtung als große Weisheit, wenn man sie im historischen Kontext der jungsteinzeitlichen Gesellschaftsordnung sieht.

Das Gottesbild des Judentums zeigt uns einen Schöpfer, der wohl weitgehend so ist wie seine Anhänger: dünnhäutig, leicht erregbar, rachsüchtig und unberechenbar. Doch mehr und mehr zeigt er auch maßvolle Einsicht in seiner Strafzuteilung. Kain, der erste Mörder der Heiligen Schrift, wird nicht getötet, er wird langfristig nicht einmal verstoßen, sondern Gott gibt ihm das Land, nicht jedoch ohne auf das imaginäre Kainsmal zu verzichten. Allerdings hat Gott mit Kain tüchtig geschimpft, was wohl als nicht göttliches, dafür aber sehr menschliches Verhalten durchgehen kann und das sich deshalb bei den Anhängern des Neuen Testaments bis zum Ende des zweiten Jahrtausends großer pädagogischer Beliebtheit zu erfreuen schien (das kirchliche anathema sit!).

Wenn schon im Judentum der Religion die Rolle eines starken sozialen Regulators zukam, dann kann man getrost davon ausgehen, dass das auch später nicht anders war. Und wenn man die Menschen kennt, dann wundert es auch nicht, dass sich die Religionen nicht selten in Dimensionen verstiegen, die mit Religion aber schon überhaupt nichts mehr zu tun hatten. Der Mensch ist so sehr angetan von seiner Fähigkeit, Worte zu erfinden, dass er hinterher stetig dazu neigt, seine eigenen Worte für Wahrheit zu nehmen. Allerdings kann man sich auch in den eigenen Gedankengängen so versteigen, dass der Endpunkt der Gedankenreihe das pure Gegenteil des Ausgangspunktes darstellt. Die schrecklichen Folgen sexueller Untreue nach der erfolgten Sesshaftwerdung der Menschen führten daher unter der Bezeichnung der sexuellen Unmoral ohne Umschweife in die Verurteilung der Sexualität insgesamt. Gemildert nur durch vereinzelte ethnische oder kulturelle Besonderheiten wie etwa den Karneval. Dazu schweigt der Gott der Christen voller Verwunderung, jedoch mit eben so großer Hartnäckigkeit.

Wie das Judentum so kann auch der Islam nicht aus seinem historischen und ethnischen Kontext herausgelöst werden. Wie Judentum und Christentum ist auch der Islam ein Schrittmacher zur Menschwerdung der Menschen. Wie den beiden anderen ist es aber auch ihm bislang nicht gelungen, der wilden und ungebändigten Aggressionsströme in den menschlichen Gehirnen Herr zu werden. Im Gegenteil, sie finden sich genau wie im Alten und im Neuen Testament auch hier in den Heiligen Schriften und der Koran spricht wiederholt davon, dass die Ungläubigen vernichtet werden sollen. Doch jetzt sind wir wieder beim Obigen: Was dürfen die *Ungläubigen* glauben oder nicht glauben, um die latente Intoleranz des Korans nicht auszulösen?

Das will ich hier nicht weiter verfolgen, hier gießen genug andere bereits Öl ins Feuer. Und die wenigsten davon sind berufen oder befähigt, das zu tun! Mich interessiert wieder primär, welche sozialen Anordnungen der Koran trifft und in welchem Geist er in dieser Hinsicht spricht. Was uns als erstes in Auge springt, wenn wir Westlichen über den Koran sprechen, ist seine angebliche Frauenfeindlichkeit. Wie alle alten Rechtsordnungen verlangt der Koran die

Unterordnung der Frau unter den Mann. Wir Christen dürfen uns dazu nur unter vorgehaltener Hand äußern, denn auch der heilige Paulus hat verlangt, dass die Frau in der Kirche zu schweigen habe, was in ungebrochener Linie dazu führt, dass Frauen in christlichen Kirchen und insbesondere in der katholischen **noch heute** nur untergeordnete Dienste tun. Im Gegensatz zur ausufernden Vielweiberei der Vermögenden hat jedoch Mohammed eine Begrenzung auf vier Frauen gefordert. Das und das Verbot der Tötung neugeborener Mädchen weist den Gründer des Islam nicht gerade als ausgeprägten Misogyn aus. Wenn er an anderer Stelle das Erbrecht regelt und dafür als Vorlage die Parentelenordnung des oströmischen Kaisers Justinian verwendet, dann spricht das eher für seine Intelligenz als für den Vorwurf, sich seine Erkenntnisse aus verschiedensten Bereichen zusammen zu stehlen, wie ihm schon zu Lebzeiten vorgeworfen wurde.

Nicht nur historisch steht das Christentum zwischen dem Judentum und dem Islam. Manche klugen Leute vermeinen zu wissen, was Wahrheit ist, wo also der Wille Gottes in der jeweiligen Religion erkennbar sei. Dazu habe ich als Nichttheologe nichts zu sagen, was in meinen Augen jedoch nicht heißen soll, dass Theologen so etwas wie Wahrheit hätten ...

Wenn der Islam Teile des Alten Testamentes adaptiert hat, so hat das Christentum gleich das ganze Alte Testament übernommen. Ich habe mich mit den Hintergründen zum ersten Mord bereits an anderer Stelle beschäftigt und will daher hier nur kurz zusammenfassen, dass diese Geschichte zwischen Kain und Abel den Abgesang der nomadischen Lebensweise darstellt und somit den schmerzhaften Übergang in die sesshafte Landwirtschaft. Vieles was uns heute selbstverständlich erscheint, kam damals neu in das Leben der Menschen: Das Eigentum an Grund und Boden sowie an beweglichen Gütern und damit das Erb-, Ehe- und Vertragsrecht sowie das Strafrecht zum Schutz der verschiedenen Rechtsgüter insbesondere des Lebens und der körperlichen Unversehrtheit. Alles was sich in den Zeiten der nomadischen Lebensweise von selber geregelt hatte, bedurfte ab jetzt der gesellschaftlichen Regulation. Viele bis dahin unbekannte Gefühlsbereiche brachen in das bewusste Leben ein. Rachsucht, Neid, Eifersucht und Gefühle der Benachteiligung spielten bereits in der Parabel des Kainsmordes eine Rolle. Das frühere gemeinschaftliche Leben im Einklang mit der Natur wich dem Kampf um Ressourcen unter einander. Die von Lao Tse ausführlich beschriebene Gesetzmäßigkeit ging verloren:

"Fehlt Gesetzmäßigkeit / erscheint Liebe.
Fehlt Liebe / erscheint Wohlwollen.
Fehlt Wohlwollen / erscheint Schicklichkeit.
Fehlt Schicklichkeit / erscheint Gesetzlichkeit.
Gesetzlichkeit ist verdorrte Form von Gesetzmäßigkeit."

Das Erleben des Einklanges mit der Natur verkommt zum Ritual der menschlichen Höflichkeit. Man tut so als ob man liebevoll, wohlwollend und so weiter ist, sucht aber unter diesem Mäntelchen den eigenen Vorteil in einer egoistisch orientierten Wirtschaftsordnung. Kain erschlägt den Abel wieder und wieder und trägt daher noch immer das Kainsmal. Ich erlebe generell die Worte Jesu, die genauso auch aus den apokryphen Evangelien hervorscheinen, als Aufforderung zur seelischen Gesundung, als Leitschnur zur Psychohygiene: "Was hilft es dir, wenn du die ganze Welt gewinnst ..." Die Hilfe zur seelischen Gesundheit zielt aber nicht nur auf die Seele des Einzelnen, sie ist auch Leitlinie für unsere ganze Gesellschaft.

Christentum bewegt sich zwischen zwei Polpunkten. Der eine Pol ist der Brudermord von Kain an Abel und der andere Pol ist das Jesuswort vom Schwert, durch das du umkommst, wenn du es ergreifst. Es geht um den gesamtgesellschaftlichen Frieden aller Menschen, die guten Willens sind. Es geht um die Heilung der gesamten Menschheit von den Wunden der neolithischen Revolution, durch die das meiste an Negativem in unser Leben kam. Wir müssen lernen, unsere Verletzungen ebenso zu überwinden wie unseren Egoismus. Jeder einzelne von uns muss das lernen und weil für viele von uns ein Menschenleben dafür nicht ausreicht, bin ich zur Überzeugung gelangt, dass uns Gott ganz ohne Frage eine Mehrzahl von Leben zubilligt, damit wir diesen schwierigen Schritt zur Beherrschung unserer negativen Emotionen bewältigen können.

Wenn die Menschheit überleben soll, braucht sie Frieden: der Friede sei mit dir! Erstmals in Europa haben wir seit über siebzig Jahren Frieden. Den brauchen wir aber jetzt nicht mehr, Friede hat keine Konjunktur, wenn er so billig zu haben ist. Friede ist langweilig in den Augen unreifer Geister, die gleich auch glauben, Krieg sei ein Abenteuer, in dem nur andere zu Tode kommen. Krieg ist für sie blutvolles Leben, doch dann kommt der blutleere Tod und das will von unreifen Menschen nicht gesehen werden. Ehe sie das begriffen haben, braucht es eine ganze Menge an Schmerz und Leidensdruck. Die alten Römer scheinen davon schon eine Ahnung gehabt zu haben mit ihrem "bellum pater rerum omnium" - der Krieg ist der Vater aller Dinge. Er ist der Vater nicht nur der technischen Entwicklungen, sondern auch der reifenden Bewusstheit, dass man den eigenen Schmerz zum Teil damit verhindern kann, dass man ihn nicht anderen anzutun versucht.

Ich habe mich jetzt nicht gerade rasend viel mit anderen Religionen beschäftigt, nur über die drei monotheistischen weiß ich einigermaßen Bescheid. Für die Entwicklung des Menschen hin zur wahren Humanität und Liebesfähigkeit scheinen mir die Stufen zwischen dem Brudermord einerseits und der Aufforderung Jesu zum Verzicht auf das Schwert der konsequenteste Inhalt in den sozialen Anordnungen der heiligen Bücher. Die hier dargelegte Argumentation ist für mich daher ausreichend, um meine Überzeugung zu festigen: Nicht nur weil ich zufällig in diesem religiösen Umfeld aufgewachsen bin, ist das Christentum für mich die stringente und umfassendste Lehre. Ich glaube nämlich, dass der Jude Baruch Spinoza Recht hatte mit seinem Postulat: Alles was dem Leben dient ist gut! Die Aufforderung zum Gewaltverzicht ist ohne Frage ein friedensdienliches Gebot.

20. Ich ist!   (2012)

Das ist die Frage, die letztlich jeden Menschen beschäftigt: *Wer bin ich und was geschieht mit mir nach meinem Tod?*

Stefan v. Jankovich beschreibt in seinem Buch „Ich war klinisch tot" seine Erlebnisse, nachdem er als Beifahrer mit einem Sportwagen verunglückt war. Er sah das zerschmetterte Auto und er sah seinen toten Körper aus der Vogelperspektive auf der Straße liegen. Er beobachtete die Kolonne, die sich sofort bildete, und er sah wie ein Arzt aus einem Auto sprang und mit Wiederbelebungsversuchen begann. Wie auch aus der Literatur von Kübler-Ross bekannt ging er durch alle Stadien eines klinisch Toten. In seinem Lebensfilm hat er selbst seine Taten beurteilt, allerdings ganz anders als wir das gewohnt sind. Er sah alles und hörte alles, er wusste sogar, was die Menschen an der Unglücksstelle dachten, konnte aber mit niemandem Kontakt aufnehmen. Was ihn dabei am meisten beeindruckte: „Das Ich-Bewusstsein war unverändert und unvergänglich."

Was ist dieses Ich?

Mit etwa acht Jahren habe ich mich einmal gewundert, dass meine Zehen zu mir gehörten, obwohl sie doch so weit von mir weg waren. Für viele Menschen scheint in der Tat das Ich aus ihrem Körper zu bestehen, dementsprechend beängstigend ist der Gedanke an den Tod. Dass diese Bewusstheit zu kurz greift, haben wir oben schon gesehen. Das Ich ist sicher nicht der Körper, das Ich ist eine unvergängliche Bewusstheit.

Als Moses Gott im brennenden Dornbusch begegnete, fragte er ihn: „Wer bist Du? Welchen Namen kann ich meinen Brüdern sagen?"

Und Gott antwortete: „Jahwe - Ich bin!" (Die gängige Übersetzung lautet: Ich bin der ich bin) Gottesbewusstsein heißt also offenbar Ich-Bewusstsein als Seins-Qualität.

Davon scheinen viele Menschen nicht zu wenig zu haben. Sie stellen nicht nur ihre Leistungen zur Schau, sie drängen sich auf und spielen sich in den Mittelpunkt. Sie erheben sich über das Du und versuchen es im gnadenlosen Konkurrenzkampf zu verdrängen und zu unterwerfen. Das Ich ist damit der Träger des psychologischen Bedürfnisses nach Macht, die schamlosen Geltungsdrang rechtfertigt. Das Ich der Mehrheit hat sichtbar nichts zu tun mit dem göttlichen „Ich bin", es ist immer erweitert um die Attribute: schöner, reicher erfolgreicher, stärker, schneller usw., also um Eigenschaften, die es aus der Masse der anderen Ichs hervorheben sollen. Wir bezeichnen diese Form von Ich-Bewusstheit als Ego. Es ist so weit verbreitet, dass es den meisten Menschen gar nicht auffällt. Es unterscheidet sich vom Ich als Seinsbewusstsein wie Tag und Nacht. Je weniger Ego in einem Menschen, umso höher seine Eigenschwingung!

Das Ich, das im Universum schwingt, ist nicht das Ego.
Das Ich ist das ewige Sein in uns, ich sage daher: Ich ist!
Das ewige Ich kennt keine Sorge und keine Angst. Sorge und Angst sind Teile des Ego.

Wie kam das Ego in die Welt? Sozialphilosophen sehen die Ursachen überwiegend in der Menschheitsgeschichte, vor allem ab der Sesshaftwerdung. Es gab und gibt eine Konkurrenz um Jagdgründe und Ackergründe und nur die Stärksten setzen sich durch. Konkurrenz wurde zum genetischen Programm in unseren Körpern. Damit wird unsere Neigung zur Gewalttätigkeit und zur kriegerischen Austragung von Konflikten begründet, wenn nicht gar gerechtfertigt. Das Ego als menschliches Ich-Bewusstsein wird so stilisiert, als wäre es das göttliche Ich-Bewusstsein und das hat mächtige Folgen für das Zusammenleben der Menschen mit seiner ganzen sozialen Ungerechtigkeit und allen Widrigkeiten des Erdenlebens.

Es sind mehrere Jesusworte überliefert, aus denen hervorgeht, für wie abträglich er die Verhaltensweisen des Ego sieht. „Wenn du Almosen gibst, lass es also nicht vor dir herposaunen, wie es die Heuchler in den Synagogen und auf den Gassen tun, um von den Leuten gelobt zu werden." (Mt. 6,2) „Wenn du Almosen gibst, soll deine linke Hand nicht wissen, was deine rechte tut." (Mt. 6,3) Psychotherapeutisch betrachtet war Jesus damals schon auf dem modernsten Stand, wenn er empfahl, nichts für die Augen der Leute zu tun, sondern sich zum Beten in die Kammer zurückzuziehen! Doch zurück zum ewigen Ich.

Jesus sagte: „Ich und der Vater sind eins!" (Joh. 10,30) Für gewöhnlich verstehen wir das so, als hätte Jesus gesagt: „Ich bin Gott." Vielleicht haben ihn seine Jünger nicht verstanden, vielleicht ist dieser Glaube aber auch nur aus der Übersetzung entstanden, denn das Lateinische kennt keinen Artikel. Sagte Jesus: „Das Ich und der Vater sind eins!" wären wir genau bei der Wahrnehmung von Stefan von Jankovich. „Ich ist" dann nicht nur Gott, es ist auch in jedem Menschen. Gott ist unsere wertfreie Ich-Bewusstheit. Wir alle sind ein Teil von Gott.

Gott als unteilbare Einheit entspricht der Zahl Eins ohne ein Zweites. Sobald ein Zweites dazukommt, haben wir Dualität oder Polarität. Nach diesem Prinzip ist das menschliche Gehirn gebaut, wir können gar nicht anders, wenn wir denken. Ja ist positiv, nein ist negativ. Aus dieser Polarität erkennen wir die Welt. „Ihr werdet sein wie Gott" sagte die Schlange zu Eva und das war die Irreführung: Die Welt zu erkennen heißt nicht Gott sein! Nur ein bedingungsloses Ja ohne ein Zweites kann uns über die Dualität des menschlichen Denkens hinausheben. Erst das lässt uns neue Perspektiven zur Existenz des Menschen erkennen. Sie können niemals aus dem Denken kommen, denn dort blieben wir zwangsläufig in den Dimensionen der Polarität.

„Ich sah den Satan wie einen Blitz vom Himmel fallen." sagt Jesus in Luk. 10,18. Die Geheime Offenbarung des Johannes beschreibt den Kampf des Erzengels Michael mit Luzifer und seinen Anhängern, die bei diesem Engelsturz in ihre kleinsten Teile zerschlagen und auf die Erde (in die Materie) geschleudert wurden (Off. 12,7). Mit Bildern, die für den menschlichen Verstand zugänglich sind, wird hier die Aufspaltung der Einheit in die Dualitäten von Ja und Nein, von Positiv und Negativ, von Licht und Finsternis beschrieben. Warum dies geschah und wie es sich tatsächlich abgespielt haben mag, bleibt verborgen.

Sichtbar wird nur, dass wir Menschen die Realität in Gegensatzpaaren erleben, die jedoch zwingend zusammen gehören. Laotse hat das so ausgedrückt: „Wer da sagt laut, sagt zugleich leise, wer das sagt hoch, sagt zugleich niedrig" usw. Auch der Prophet Kohelet hat im Alten Testament der Polarität seinen besonderen Ausdruck verliehen:

„Es gibt eine Zeit, Steine zu sammeln und eine Zeit, Steine wegzuwerfen ..." Auch das Gegensatzpaar Gut und Böse gehört zusammen und seine Aufspaltung macht die Menschen unglücklich. Genauer gesagt, die Bewertung von Lebensumständen als Gut oder Böse macht unglücklich! Daher sagte Jesus: „Führe uns nicht in Versuchung." und: „Widerstehet nicht dem Bösen!" (Matth. 5,39) Dazu Thorwald Detlevsen: „Wer bewusst das Gute nährt, nährt unbewusst das Böse mit."

Nach Jakob Lorber begann die Evolution mit dem Engelsturz. Die bis in die kleinsten subatomaren Teilchen zerschlagenen Geister Luzifers und seiner Anhänger wurden zur Materie, gemeinhin als Hölle bezeichnet, in der Heulen und Zähneknirschen (Verzweiflung und Wut über den Verlust des Himmels) waren. Nach seiner Darstellung wollte Gott jedoch kein ewiges Feuer und keine ewige Verdammnis, er wollte allen diesen Geistern die Chance geben, aus völlig freiem und eigenem Willen in die göttliche Einheit zurückzukehren. Alle sollten dabei eine Chance haben, wie lange sie auch dafür brauchen würden.

Also gab er Quanten und Quarks die Gelegenheit, sich zu verbinden und schließlich zu Atomen zusammenzufinden, diesen die Möglichkeit, zu Molekülen und Molekülclustern aufzuschwingen bis hin zu Proteinen und damit den niedrigsten Lebewesen. Zu den Zeiten von Jakob Lorber kannte man aber noch nicht das Wort Quantenphysik. Seine Bilder zeigen auch keinen Widerspruch zu den Entdeckungen von Charles Darwin.

Die Erschaffung Adams ist die Einpflanzung des göttlichen Funkens (der Ich-Bewusstheit) in ein Wesen, das aus der tierischen Linie hervorgegangen ist. Insofern ist hier die Evolution zwischen Primaten und Menschen unterbrochen. Der Mensch hat als einziges Wesen dieser Erde die Fähigkeit zum bewussten Erleben der Einheit - zur universellen Liebe.

Somit kann man die Evolution als den Königsweg sehen, aus der Materie wieder in den umfassenden Geist zurückzufinden. Unser wertender Verstand sagt dazu, die Erde schwinge auf. Je weiter wir zurück in die Evolution schauen, umso hässlicher erscheint sie uns daher (z.B. die Saurier, die ja dem Satan und seinen Anhängern zeitlich noch viel näher standen), umso wirksamer sind negative Emotionen wie Verzweiflung und Wut, Aggression und Gewaltbereitschaft. Das Kennzeichen einer alten, gereiften Seele ist aber die Bereitschaft, die universale Liebe zu leben.

Der ganze Weg der Evolution ist auch im Menschen eingezeichnet (man sieht das in der Entwicklung des menschlichen Fötus), der daher eine Neigung hat, spontan negativ zu reagieren, wenn er nicht gelernt hat, seine Motivationen zu reflektieren. Daher ist die niedere Schwingung im unbewussten Menschen mit seiner Tendenz zur Abwertung vorherrschend (und auch ansteckend: „Ein Narr macht zehn!"). Er schaut jeden scheel an, der schon etwas weiter ist in seiner Entwicklung. Die Wut der Unentwickelten sollte uns Vorsicht lehren!

Es scheint so, als müsste ein Mensch in jeder Lebenszeit immer wieder den Weg der ganzen Evolution nachgehen, um dann noch ein oder zwei Schritte daraufzusetzen, die ihn in die nächst höhere Schwingungsebene bringen. Im nächsten Leben vollzieht sich der gleiche Prozess wieder und das so oft, bis die universelle Liebe erreicht ist. Das ist dann die Wiedervereinigung mit Gott. Somit ist der irdische Lebensweg eines Menschen die fortschreitende Anreicherung eines anfänglichen göttlichen Funkens mit immer höheren menschlichen Schwingungen.

Damit der Mensch zu unterscheiden lernt zwischen dem Glück der universellen Liebe und dem Schmerz der niederen Eigenschwingung, begegnen ihm Zustände, die er als Hass, Entzweiung und Verzweiflung erlebt. Er tritt in Resonanz zu Teilchen und Schwingungen, die noch nicht aufgeschwungen sind, die noch in ihrer Negation der göttlichen Liebe verharren, in ihrer Wut darüber, dass sie aus der göttlichen Einheit verstoßen wurden. Wir wissen aus der Psychosomatik, dass sich das als Krankheit und auch als Wahnsinn ausdrücken kann.

Diese negativen Energieformen werden in der Bibel als unreine Geister und Dämonen bezeichnet, deren Austreibung bzw. Erlösung eines der vorrangigen Ziele Jesu war. Mächtige Wesenheiten setzen sich auf einen Menschen und ernähren sich von seinem Unglück und von dem seiner Umgebung. Ihr Wirken auf die Person hat Zwangscharakter! Wenn sie einen Menschen verlassen haben und später wiederkehren, treiben sie es ärger denn je (Luk. 11,24). Die Darstellung der Bibel findet auch klare Parallelen im Schamanismus.

Weil der betroffene Mensch diese schmerzlichen Zustände oft als ungerecht erlebt, leitet er daraus die Berechtigung ab, mit voller Wut dagegen anzukämpfen und irgendjemandem die Schuld dafür zuzuweisen. Die Wut hat dieselbe niedrige Frequenz. Damit kommt er aber auch nicht aus der niederen Eigenschwingung heraus und er wird „vom Leben" so lange gegerbt, bis er bereit ist, die angenehmeren Gefühle der höheren Schwingung als sein berechtigtes Erbe und seinen höheren Seinszustand zu akzeptieren. „Die Hölle, das sind die anderen!" (Jean Paul Sartre) So genannte böse Menschen sind in Wahrheit nur unglückliche Menschen, die zu ihrem Schicksal nicht ja sagen können. Die Hölle machen wir uns gegenseitig.

Schmerzen sind somit nichts anderes als die <u>Illusion eines angeborenen Rechtes,</u> sich für erlittene Kränkungen rächen zu dürfen. Diese Rache wendet sich früher oder später schmerzhaft gegen das eigene Ego. Das göttliche Ich ist dagegen in der Lage, alles was geschieht, als direkten oder indirekten Weg in die universelle Liebe zu verstehen.

<u>Schlussfolgerung:</u>

Wer sich gegen sein „Schicksal" zur Wehr setzt, stellt sich seiner Höherentwicklung und seinem Glück in den Weg! Der Vater in uns hat den besseren Überblick.